别把钻石当玻璃珠

——刘大伟的动画狮子心

刘大伟 口述 / 郑心媚 执笔

北京师范大学出版集团
BEIJING NORMAL UNIVERSITY PUBLISHING GROUP
北京师范大学出版社

北京市版权局著作权合同登记图字01-2015-6697号

图书在版编目（CIP）数据

别把钻石当玻璃珠／刘大伟口述；郑心媚执笔 ． —— 北京：北京
师范大学出版社，2017.1
ISBN 978-7-303-21240-8

Ⅰ．①别… Ⅱ．①刘… ②郑… Ⅲ．①家庭教育 Ⅳ．① G78

中国版本图书馆 CIP 数据核字（2016）第 213184 号

营　销　中　心　电　话　　010-58805072 58807651
北师大出版社学术著作与大众读物分社　　http://xueda.bnup.com

BIE BA ZUANSHI DANG BOLIZHU

出版发行：北京师范大学出版社 www.bnup.com
　　　　　北京市海淀区新街口外大街 19 号
　　　　　邮政编码：100875
印　　刷：鸿博昊天科技有限公司
经　　销：全国新华书店
开　　本：787mm×1092mm　1/16
印　　张：13.25
字　　数：156 千字
版　　次：2017 年 1 月第 1 版
印　　次：2017 年 1 月第 1 次印刷
定　　价：46.00 元

策划编辑：谢雯萍　　　　　责任编辑：王　宁
美术编辑：袁　麟　　　　　装帧设计：卓义云天
责任校对：陈　民　　　　　责任印制：马　洁

目录 | CONTENTS

从前从前……

Once upon a time…

有一个小小、小小的小男孩儿，
他的家是一个窄窄的小池塘，
池塘里温温的、滑滑的，
即使光着身子不小心喝到水，也不会呛着他；
随着他的身体一日一日长大，这个家会跟着扩大，
小男孩儿醒着、睡了，玩手指、吐泡泡，舒舒服服孤单着。
他一点儿都没想到，
在池塘十个月零七天后，来了一场大地震……

第一幕

顽石

咦，是十个月零七天吗？还是差七天十个月？哦，好像才八个月⋯⋯

唉，总之，反正，我，刘大伟，据说在出娘胎前，我的心脏停止了跳动，医生老大用听筒在妈妈的大肚皮上滑来滑去，就是听不到小宝宝的心跳。

这种情况持续了七天，七天之内，应该吃的药，需要打的针都试过了，唯独那颗小心脏还是寂静无声⋯⋯

我现在有些记忆模糊了，可能当时我正在趁机会休息吧，因为未来的事实会证明，我出了妈妈的肚子后，从此一刻也不得安宁；所以我选择整个休息、彻彻底底休息，连心脏也让它一起休息。但是，外头不停灌进来各种口味很怪的水，弄得屋子里挺挤的，我免不了还是有些紧张。

在持续七天无效救治后，医生老大严肃、哀戚地给我爸妈打报告："小孩，应该保不住了，要赶快开刀把死胎拿出来才行，不然拖下去连妈妈都会有危险。"

根据客观历史与亲友主观感情记载，我爸，是经历抗日的大英雄，我妈，堪称全台湾最"硬颈"的客家女孩，两人遭遇再艰困的时刻，都可以咬牙撑过去。但是，一知道自己的小孩就这么"无声无息"走了，再坚强的铁汉，也要流下泪来，两人越哭越大声。

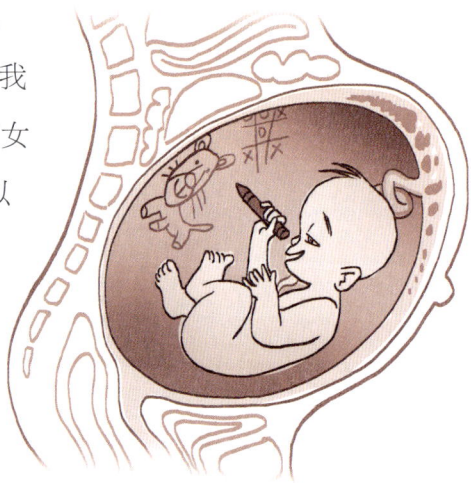

地震耶！天摇地动！我叹了口

气醒过来，我不休息了可以吧？我这辈子最完整的长假也就是这七天！好吧，上工了！

医生老大取得爸妈同意，准备动手术，我的心脏扑通！扑通！竟然跳了起来，医生老大两眼发直，望着一应俱全的手术刀具，反正都得挨一刀，他决定划开妈妈肚皮，把我捧出来。

因为我连续七天的彻底休息，在医学上好像叫"缺氧状态"，医生认为这个小孩儿会有脑损伤的状态，又有药物针剂的影响，身体可能也有缺损。

但是，我坏脾气地哇哇大哭，还四肢俱全哭得洪亮，我那哭着的爹娘反而笑了，对原本不抱希望的父母来说，我是从鬼门关捡回来的儿子，本来以为非死即残，没想到除了爱哭以外，好像没什么问题。他们抱着号啕大哭的我，恍如抱着天上掉下来的礼物！

当然，人类历史总是这么教育我们，真相会随着岁月而披露，我的父母终会发现，这个爱哭鬼小孩，问题可多了……

早早告诉各位亲爱的读者，刘大伟我在台湾成长了十三个年头，然后漂洋过海去了美国，接下来的十八年，不管和黑人、白人，管他哪一种颜色的人混过来或混过去，过着美国籍的日子，我都不曾回来台湾一次，实在是那十三年的经验太深刻的缘故。

我天生感情丰富，延续出生时的"天赋韵律"，对组成"少年十三"的智育、家教、品味感三件关键事物，皆报以"泪"的回馈，感谢爸爸妈妈锲而不舍、下力气"投资"的调教手段。

在进一步向各位描述这一段刻骨铭心、奠定我一生发展基础的往事前，且容我先说明正字标记"刘面包厂"的本家纪要。

苹果面包卖全台

老爸生为山东大地主家庭一员，童年优渥，不愁吃穿，也不用担心未来要做些什么，反正收租就对了。时逢抗日战争，身为十九岁的热血青年，老爸加入国民党军队，到处征战，最后来了台湾。

老爸落脚在台中，因为跟驻台美军接触，学会做面包的技巧，他看着老外爱吃的面包，越看越欢喜，这不就是老乡们爱吃的外国版山东馒头吗？于是老爸发挥创意，将他的乡愁揉进面包里，发明了"苹果面包"，这个新点子东西合璧，不但老外爱，台湾人也喜欢，此后的四五十年至今，"苹果面包"一直在生产销售，但真正的古早味苹果面包只有在台中"刘面包"厂买得到。

老爸开的"刘面包"厂，一举成名天下知，小小的苹果面包风靡全台，几乎所有杂货店、学校、部队、公家机构都买苹果面包，成为台湾人最喜爱的点心。

老爸的野心快速被"养肥"了，很多事情没考虑清楚，工厂扩张太快，一下子就周转不灵，欠下了几百万债务。当时一个面包才卖一角多，这几百万的债务，可要卖多少面包呀！

老爸跟老妈愁极了，也曾想，债多还不起，那干脆逃掉好了，可是看着一个个债主，这么多人都和他们有关系，老爸的山东耿性子一起来，跟债主说:"你们让我好好做生意,一定把钱还清!"大伙儿还真答应!于是,老爸跟老妈开始了好些年的还债人生。

在那个物资缺乏的年代,便利商店还没诞生,要吃到新鲜的面包算奢侈的了。与其在面包店里等着客人来买面包,不如用面包车把新鲜面包送到客人的门口,哇噻,绝顶聪明的主意!于是老妈自己开着车,在每天下午的放学时刻,到学校附近,拿着大喇叭广播:"刘面包,刘面包来啰!"后来发展成沿街叫卖。

那时台湾会开车的女性甚少,老妈不但一边自己开货车,还一边卖面包。可以说,老妈开创的"货车叫卖"模式,是"刘面包"厂对台湾大城小镇各社区的贡献,各路人马竞相效仿,养家糊口不在话下,我的老妈堪称女中豪杰,浑然不知有知识财产权这码事。

这样的老妈配老爸,异常忙碌,就算在家,也要顾店、做面包,几乎没有时间陪伴六个小孩。配合一楼门市,二楼工厂,三、四楼当宿舍与住家的活动模式,为了方便管理,他们对小孩跟员工一视同仁。

举一个简单例子,就像家里的冰箱,六个小孩谁都不能随便开,家里有帮忙煮饭、打扫的阿姨,得先问过阿姨,才能开冰箱。就算好不容易打开里面充满食物的"神奇"冰箱,也不能随意看到什么就拿出来吃,所有的食物老妈都已经配给好了。如果今天家里买了葡萄,妈妈会算好分量,每人当天可能有七颗葡萄的配给,谁都不能多吃或少拿。

爸妈对六个小孩采取军事化管教,以防品行有误、情操"出轨",否则"家法"伺候,这是二十四小时做小生意的父母爱护孩子所不得不选择的家教模式。

基于"爱之深、学之勤、责之切"一定不会错的认知，父母为我的成长学习，不惜成本，上学有老师教，回到家另有家教执行"加强"教育。总的来说，我的日常生活有三大部分：上学、回家补习、弹钢琴，穿插在其中的，是爸妈和老师针对我的学习活动成果，所给予的"具体"回应。

在学校上课，一堂过一堂、一天过一天、一张成绩单换另一张成绩单，有什么趣味？不瞒各位，那一本本印得密密麻麻的课本，老师写在黑板上，另一种密密麻麻的讲解，对我来说只有一种印象："蚯蚓"、黑色的"蚯蚓"、一条又一条数不清的黑色"蚯蚓"，最糟糕的是，这些"蚯蚓"还不会动，这有啥意思呢，你说是不是？

这些"蚯蚓"，如果是课堂窗外天上的云彩，那该多好。所有上课、上班无聊的朋友们，如果你曾经有那么一次专心凝视天上的云彩，一定能了解我的乐此不疲：白花花的阳光，云朵千变万化，有鼻

子、有眼睛，一张脸居然变成恐龙，又慢慢变成狮子，狮子的毛又变成好大一坨冰淇淋，冰淇淋变成一只鸟，慢慢飞走了……

小丑爱画画

认真想来，课本对我还是有着一定程度的吸引力的，大家都记得吧，新学期、新课本，多干净、多有空间哪！我在课本上的"注记"，向来受到同学热烈追捧，抢着传阅，我的技巧纯熟、流程顺畅：首先，不管课本里的人男女老幼、圣贤忠奸，先给画上眼镜、帽子，再给留着山羊胡，尤其女生长着山羊胡特逗，刀疤也不错，挺好发挥；做完脸上文章，服饰配件可是重头项目，有无穷可能的创意，多兴奋！

尤其有一类人物，望着他们永远庄重的面孔，我屡屡忍不住"心生景仰"，比如，孔子周游列国多辛苦，给他来一台跑车吧！配合老师上课的音调，我在课本每一页角落画小人，每页稍微一点点不同，快速翻页时，他就动起来了……

我在课本上长期苦干实干，一直都很能获得台上讲课的杜老师的"激赏"。他戴着又黑又厚的眼镜、鼻子又红又大，常常指着我的课本，兴奋得喷出口水呼喊："小丑！"叫我走到教室最后面，站上整节课，好让同班同学深刻检讨，如何向我特别"看齐"。

因为杜老师的特别"照顾"，我的"小丑"名号在江湖中不胫而走，而我也成了老师们心中的头号"捣蛋分子"。上课的时候，只要我一不专心、往外偷看、边看边画时，老师就会把粉笔头丢过来，超准地弹到我的头上，大骂："看小丑又在画什么？拿来，给全班看！"

以我长期的观察，我总觉得当老师的应该都参加过丢粉笔训练，不然怎么每个老师都这么精准？想丢我，就绝对不会误"炸"别的同学，一定稳稳地落在我头上。

杜老师"特别"指导我，我也礼尚往来，下了课的黑板上，我为杜老师特绘肖像，特征神韵酷似本人，一排小朋友撑伞挡住"杜老师"如雨柱般喷洒的口水。

这种画赢得了同学不可遏制的高亢笑声，显然是杰作呢！他们笑得越

大声，我就画得越勤快，杜老师的"赞赏"也越加多了：杜老师用教鞭"问候"我的双手，打完手心再打屁股，声音与粉笔灰齐飞，四周白茫茫一片……嗯，屁股还疼着呢，我又得去操场青蛙跳，训练规格完全比照奥运赛要求。当然，在黑板上写上两百遍"我再也不画老师丑相"，则是肯定要做的功课，写到老天都看不下去地黑了。

其实，杜老师等诸位老师，都是受到我妈妈万般请托的，他们来家里买面包，顺便报告我的学习进度，或者爸妈亲自登门拜访，妈妈总是嘱咐他们："请多多'指导'刘大伟，尽管打、尽管骂！"于是我在学校被打，哭着回家被修理得更惨，学校家里两边不讨好；上课肚子饿吃东西被打、讲方言被打、心不在焉被打、画画被打、忘了带手帕卫生纸被打，拿到成绩单时会得到"双料"打，因为老师打完了，爸妈看见成绩单上的数字，绝对是不能忍耐地又来一顿打。

我讨厌看写满字的书，也不喜欢写字，我的作业几乎都是用画的，自以为用画的可以过关，可是拿到学校后，又被老师取笑一番。全班六十五名同学，我常常考第六十四名，后面的第六十五名是个智力有问题的小朋友，我跟他老是排在一起，久了老师、同学也把我当成低能儿。我费了不少心思和这位同学保持良好关系，让他知道有我这位好朋友，否则他一个想不开转学了，我岂不变成全班最后一名！

想想我花在课业学习上的时间和爸妈所付出的金钱代价，他们不能理解，只能又打又骂，实属无奈之举。他们抱持绝不妥协的精神，请来补习老师在家里坐镇。我在学校熬了一整天，回家面对一脸严肃的家教，对着课本聒聒不停地讲，口水像飞弹喷得整个作业、课本都是，我根本没有办法专心，一逕地看着四处飞散的口水，想象自己是战争里的勇士，四处闪躲流弹攻击。

我不停地动来动去，补习老师实在不耐烦了，指着数学作业本问我："到底有没有在听？听懂了没有？"我就"哇"一声哭了出来。老师不解地问："怎么了？为什么哭？"我说："听不懂，统统听不懂啦！"搞得老师非常无奈，最后也被我弄哭了。

我记得老师哭着跟老妈说："刘大伟我实在教不下去，上课不用心，又情绪化，我真拿他没辙。"

大猪小猪落浴盆……唉，是这样讲吗？

老师不教，我还有一个哥哥、四个姐姐可以教。人生而不平等，我因为生为老幺，经常人微言轻，使我常问妈妈我几时可以变成哥哥。哥哥大我七岁，我跟他还真不熟，他大学念数学系，光听听就叫人毛骨悚然！我这么讨厌数学，老天爷怎么给我一个喜欢数学的哥哥呢？

但是，在这段学习低能的无望期，哥哥可能是唯一对我的绘画能力有感觉的人。我曾经把画在作业本上的作品给哥哥看，问他觉得我画得怎样？哥哥翻了翻作业本，问我，你这个是从哪临摹来的？我很骄傲地说，都是我自己画的。

哥哥睁大眼睛："那这是你什么时候画的？"

我："上数学课时候画的。"

哥哥："……"

很多年过去了，哥哥每当提起我小时候的表现时，总要慨叹他当时的心情。他看到我已经展现出绘画天分，却不能夸赞，上数学课却在画画，这是传统教育所不容；要责备我吗？画得这么好的孩子，怎么去骂他呢？

"无言"是哥哥对我最好的应对。

功课熬不出个结果，好好培养品德总可以吧？深深被广告词煽动的爸妈，相信"学琴的孩子不会变坏"（这算哪门子理论），希望家里出个贝多芬或莫扎特，即使还负债，老妈还是花了大钱买下昂贵的原木钢琴，希望六个孩子好好在家学钢琴。以经济学眼光来看，老师来家里连教六个孩子，也是极具效用的。

我说过，我是天然的感情丰富，被打，哭；被骂，哭；人家声音大一点我也会哭，但凡让我觉得悲伤的情况，我总是哭。再一次套用我哥哥的形容，他说我每次哭着掉眼泪的情况，简直是大猪小猪落浴盆……不是，他很有学问，他说的是"大珠小珠落玉盘"。

在黑键与白键之间，音符流泻而出，跌宕起伏，声声描述人生的喜乐悲欢……

谁说的！这一定是大人用来惩罚不乖小孩的发明！每天过日子都要用体力来消耗嘛，极端消耗就极端快乐，怎么会是用双手在键盘上移动呢？

所以我常常在弹琴的当下，就忍不住落泪；弹琴又枯燥又痛苦，练久了手指发麻、手臂酸痛，跟在学校被老师打手心没两样。你可以想象我那眼泪一大滴一大滴掉落在键盘上的声音吗？那样绝对的凄美！老师都被我搞得深受感动，这小孩这么有感情，老师欣喜若狂，更加卖力辅导，我每每就要被老师用棍子打手指，他求好心切，我，悲从中来，哭得更加凄惨。

这一唱一和，失之毫厘，差之千里，竟然搞了十年！对我来说，除了看见键盘就要哭以外，我坦然承认对弹琴一概不懂。一直到现在，听见初学者用雀跃心情弹出新生般的旋律，我都得憋住性子，忍住不去骂人。有时听见隔壁学琴小孩用力弹着五音不全的调子，真是折磨人啊！我不免怀念起以前的钢琴老师，多亏他充满了爱心，在我残破不堪的旋律刺激下，还可以面带微笑说："这次进步很大，再练习一次。"同时严厉地用棍子鞭策我。

"功课做完没？钢琴练好没？"是老爸老妈和我的日常对话，在棍棒皮带与眼泪齐飞的生活里，我有自己的私密事情。

某天下午，忙碌的老妈终于比较清闲，在面包店里一边看店，一边跟客人聊天。我坐在店里，看着妈妈，心想："这么厉害、伟大的妈妈，我一定要对她表达我的爱！"可是我什么都不会，考试老是倒数第二名，她最想要我学好钢琴，我再怎么弹也学不好，怎样才能讨她开心，让她知道我爱她呢？

我趴在桌上，看着跟客人滔滔不绝聊天的老妈，啊！我很会画画啊！我来画一张妈妈的画像好了，把我最好的一面表现给妈妈看。

我拿出铅笔跟图画纸，一边观察妈妈，一边开始作画，一想到妈妈待会儿可能会高兴地摸我的头夸奖，我就不由自主偷笑起来。好不容易，终于画好了，我在图画纸的角角写上"我的妈妈"，还自以为厉害签了名，开心地拿着图画纸走到妈妈面前，送给妈妈。

妈妈吓了一跳，看了画后，轻轻微笑跟我说"谢谢"，就把画收起来，继续跟客人聊天。我有点失望，妈妈没有摸我的头，也没有赞美我。

隔天早上，我要出门上课时，发现那张画被卷起来，丢在垃圾桶里。原来妈妈并不喜欢，即使我这么用心画，她还是觉得是垃圾，在她心里，念书第一名、钢琴弹得好，才是送给她的好礼物，会画画一点用处也没有。

老师不欣赏、妈妈不喜欢，而我唯一能开心的时刻，只有画画，每天晚上上床后，在这个只有自己的时光里，我拼命画画，果然只是个笨小孩。

哭哭啼啼的笨小孩，其实很好动，只要有一件事，能够消耗精力，又能发挥想象力，就能让我安定下来。只是我会做的事，总是叫别人不太能接受。比如我喜欢观察，尤其是小动物。

"蛆"级运动会

我那个年代，学校厕所当然有定期打扫，但因设备简陋，湿漉漉的红地砖上有时会有白色的蛆蠕动。我欢喜发现了蛆的世界井然有序、惊奇连连。蛆总是向上爬行，足可媲美鱼儿逆流而上；蛆爬行的路线总是联结红砖的粗糙水泥缝，从不走在光滑的红砖上，显然有特殊个性；两方蛆相会时，自有一方停住让另一方先行，不会撞车，既无交通信号灯，也不用警察指挥，众蛆井然有序爬往高处，真是令人深深佩服。

　　在幼儿园里，每天中午吃完饭，规定小朋友得趴在桌上睡上一小时。睡觉！这算件事吗各位？一小时！任由生命虚耗、时间空转，这不是我刘大伟的风格。我在午睡前到厕所挑了几条健壮的蛆，小心翼翼地放在胸前的口袋里，趴在桌上开始午睡时，悄悄从口袋里把蛆给抓出来放在桌面（请注意，实体桌面，不是电脑桌面），一只手圈着，头趴在这只手上面，另一只手用来操纵这几只蛆。我让这几只蛆来场运动会，百米赛跑，看看哪只蛆跑得最快，我脸颊贴近桌面，当然也贴近蛆，这样刚好能够仔细观赏这场精彩的运动会。

当那几只蛆奋力扭动身躯往前爬行，终点就在前方时，三号蛆用尽全身力气先将身子压缩，然后奋力往前弹跳，刹那间它的鼻头碰触到终点线，后来居上，勇夺冠军！

如雷的掌声响起，观众都起立致敬，真是一场精彩绝伦的竞赛，颁奖、奏乐、升旗……

我把那几只蛆调整方向、顺序，比赛重新开始……

以上这一切都是在我小小手臂的范围内、在脸颊几乎贴近桌面的空间中发生的，虽然运动空间狭小，但精彩刺激程度难以言喻，只差没有把隔壁小朋友给摇醒一起分享我的喜悦。

我在埔里外婆家，跟着表哥捉蛇、捉青蛙，舅舅养了马、驴子、乌龟、鸟、猴子，我看着它们的眼神，想象它们互相说些什么，脑袋里想些什么；你知道蛇怎么用肚子走路吗？怎么吃东西吗？猴子的肢体、动作、眼神与人近似，但很难预期它下一刻的动作。猴子前一分钟和你卿卿我我的，下一分钟却马上翻脸、龇牙咧嘴，有时可爱乖巧，但攻击性又强。我捉弄螳螂、蚱蜢，为了测试蜗牛对各种液体的反应，盐水、漂白水、洗衣粉水齐上，我所发现的种种蜗牛惨状，如果发生在现在，可能会被大人加小孩儿在网络世界里"人肉搜索"，进而损害我父母三代的家教名誉。

20世纪80年代，是台海关系动荡的年代，我父母面对动荡局势，心焦不已，终于在我八年级时办好了美国移民。

我一心期待着，也单纯地以为终于可以摆脱台湾讨厌的功课，再也不会有爸妈的棍子跟皮带，就要走向快乐天堂。学校里几个比较要好的朋友，

　　想来想去发现刘大伟喜欢动物，约了我到水族馆去，我盯上一只小乌龟不肯走，于是他们凑钱买下小乌龟，作为临别礼物。

　　同学的心意让我感动，虽然爸妈恐吓我，带着乌龟到美国会被抓走，我还是偷偷把乌龟塞进口袋，上了飞机。在飞机上，我还趁别人不注意时，悄悄喂乌龟喝水，不声不响就到了美国海关。

　　随着人潮一步步往前走，海关检查员仔细检查每个人的口袋跟行李，我原本很开心"有龟相随"，一下子冒出一身冷汗，实在没办法，心一横，就把乌龟塞进嘴巴，站到海关检查员面前。我跟英文一向不太熟，当然不知道他们说什么，只能一个劲儿闭紧嘴巴摇摇头，海关检查员翻翻我的口袋、行李，发现没有异状，就这么让我安全过关！

一出关，我马上把小乌龟吐出来，它还活得好好的！我这个十三岁的小朋友，就这样不知死活地顺利把乌龟偷渡到了美国。

美丽的国家，我终于要在这里展开另一段生活。

1969年全家福照，摄于台中，坐在妈妈怀中的就是我。

1976年，刘面包叫卖专车，有图为证。

1975年，我七岁时已经开始学习英文。唉，事实证明，"早学习早开始"，实在因人而异。

1981年，遇上我当时的偶像，喜剧演员方正。这张照片是我到美国前在台湾拍的最后一张照片。

咦，有一点光！

咳、咳，我前面是说移民到美国吧？嗯，没错，我是这么想的，至少在我第一天进美国新学校上课之前是这么想的。

英文，不骗大家，我七岁就开始学英文，hello, how are you, fine thank you, goodbye... 我懂这些，其他应该不是问题吧……抱着美好的心情和美丽的期待，我走进了学校。然后，我只想冲回家问爸妈，到底带着我们移民到哪个国家？

我就读的学校，全校都是黑人，黑到除了牙齿和眼白之外，全部都是黑的！我所期待的芭比娃娃，全部变成黑人牙膏上的头像，我，是唯一一个亚洲人！住在佛罗里达州的黑人区边，学区刚好划在一起，爸妈初来乍到，东西南北也搞不清，我就迷迷糊糊地进入满是黑人的学校。

因为每个人的头发都大大厚厚地卷起来，顶在后脑勺有一大块儿，有人会在头发里面插梳子、放钱，整个头就是个大口袋，非常具有视觉喜感。他们看我更是奇怪，因为那个黑人区，只有零星华裔和越南人，突然来了一个瘦小又听不懂英文的华人，他们喜欢逗着找坑。

每次走在教室走廊，就有黑人同学在后面叫我的中文名字"清河"，因为不知道意思，也不会正确的发音，老是"铿锵、铿锵"地叫，还有人故意用唱的，听起来还挺像庙会音乐。后来，为了避免这种不断被取笑的尴尬，我开始坚持让大家叫我的英文名字"Davy"，什么"铿锵、铿锵"的，干脆打钹不更好？

随着在学校日久，各种有创意的取笑、欺负活动也陆续上演。我沿袭家里的教养，吃饭时一定要拿碗就口，如果不这样，我妈就会拿筷子打我手臂。在学校吃午餐，我也养成习惯，把美国自助餐那种大大的餐盘整个拿起来吃，黑人同学简直笑翻了。后来我才发现，用这种大餐盘，美国人都是低头吃饭。

黑人同学看我呆呆笨笨，跑来跟我说："嘿！你知道在美国我们都是怎么打招呼的？"我摇摇头："不就是hi或hello吗？"有个看起来比较好心的同学教我："你把中指比出来。这个代表我们跟对方问好，非常尊敬对方。"

我跟着比出中指，校长正从前面走过，他们说："快啊！去跟校长打招呼，他如果知道你这么快学会美国文化，应该很开心。"

他们推着我往校长方向走去，我点点头，跑到校长前面，开心对他比中指，校长立马涨红脸，黑白分明的眼珠瞪成牛眼，将我拖到校长室。在我惊恐的身后，那群黑人同学爆出笑声。校长拿出板球棍子，要我趴下来，不停抽打我的屁股，打得我屁股跟他的脸一样红。从那以后，校长看到我，就没有好脸色。

啊！我的内裤！

我能说什么？台湾的小丑，到了美国还是出糗。运动短裤事件更是经典案例。

我上有四个姐姐，加上妈妈克勤克俭，我总是穿姐姐们穿过的衣服，演变到后来，数量最多的就是内裤。

有花边的、粉红色三角内裤，就是我在台湾上体育课穿的短裤。我本就天生懵懂，学校既不追究，也不会有人来劝我，只是觉得为什么其他人都穿着难看的素色短裤，只有我的裤子最花哨。你看看同学们羡慕的眼光，多风光！

但是在美国一定得穿运动裤，老师还特别写在家长联络簿上，叫我一定要给家长看。老妈因此特别带我到卖场买运动裤，这下我终于可以有正式的运动裤了，我跟着老妈，这个卖场逛到那个卖场，试穿多样产品，老妈谨慎，钱不离手，货比三家不吃亏，当然得多逛逛、看看，才能买到最划算的裤子。

果真，老妈发现，同样的运动裤，在不同卖场的价差非常大，有三倍之多，老妈开心地挑了那条最便宜的四角运动裤给我。我也严肃做了确认，确实是四角裤而不是以前常穿的三角裤，因为我随时会再长高，妈妈买了七岁到七十岁都能穿的松紧带款，且这裤头竟然可以拉到胸部，美国商品真奇妙。

隔天，体育课钟声才响起，几个黑人同学已经在球场打篮球，他们看到我慢慢走过去，大声叫我："铿锵！要不要打？"我摇摇头，我根本不会打篮球，台

湾的体育课，大多都变成数学课，哪里有打篮球的机会？

他们看我一动不动，也不加入，一群人便走过来围在我旁边，开始取笑我不会运动，有的人还动手推我。被一群黑人团团围住多可怕，我又不敢动，怕被打得更惨。这时候，一个嘴唇厚厚的黑人女生走过来，指着我的运动裤："这什么？这是内裤啊！"她大叫，其他人朝我的裤子一看，也大笑起来。

我根本听不懂，只是跟着傻笑，这个黑人女生一把将我的体育裤往下拉，我的裤子被扯掉了。我吓了一大跳，血液冲脑、天旋地转，拉住裤子快溜，背后还听到大笑声不停传来。

事后，校长把爸妈叫到学校，要求爸妈给我买正常的运动短裤，这前头有开口的是内裤，不管你要穿几件，内裤就是内裤！

之后，每次上体育课，我就变成黑人同学的沙包，大家常常无缘无故一脚踢过来，嚷着说："李小龙，功夫！功夫！"不停作弄我、推我，现在想起来真是残忍。

被打得鼻青脸肿，回家也不敢讲，不用想也知道，爸妈一定会

说："都是你的错！"然后再打我一顿。我学聪明了，我要想办法让自己在学校活下来。

既然大家叫我李小龙，找我比武功，那我就变成真的李小龙好了！看了很多部李小龙的电影后，我请老爸买了双节棍，随身带着。平常打扮、走路，也学李小龙的样子，美国人看华人反正都一个样。

有次我整副李小龙装扮，走在校园里，迎面而来一个黑帮老大，他凶神恶煞般瞪着我："你的皮带什么颜色？"我满头雾水，只听得懂"color"跟"belt"，心里想："好吧！Apple is red……那，我的皮带，那就是black！"

黑帮大哥一听"black"眼睛发亮，露出崇拜的笑容，我觉得奇怪，难道他觉得我跟他一样都是黑色，所以对我特别好吗？"How many degree is

your black belt?"我暗自数了数，腰上的皮带共有八个洞，就回他，八！黑人大哥吓了一跳，赶紧伸出手，不停握着说："没想到你武功这么高强，居然是八段黑带高手！"

从此以后，黑人大哥对我甚为尊敬，常常缠着我教他功夫，还要跟随的小弟同表恭敬，我在黑人学校开始走路有风，常常学着电影随便比画两下，黑帮大哥就惊讶地瞪大眼睛，把我奉为师父。

有次午餐时间，有个黑人跑来挑衅，他一把拉走我的餐盘："你如果真的是李小龙，应该很会飞跳才对？"我瞪着他，好胜心战胜一切，不想再被人当作孬种，于是用尽所有的力气，努力朝天花板跳上去，想要抓住上面的杆子，一时失手，整个人跌了下来，手关节脱臼，整只手像断了线一样，挂在旁边晃啊晃的。

大家看了都吓死了，不停大叫，以为我手断了，我痛到不行，也不知道哪里来的灵感，我抓着手臂，自己用力往前推，整个手肘发出咔！咔！响声，痛到眼泪都快流下来了，却发现手接好了！我转动手臂，果真没事。

一旁的黑人同学吓呆了，七嘴八舌说："这家伙不只会功夫，还有很恐怖的内功啊！连手断了，还可以自己修好。"往后大家对我更尊敬，也不太随便欺负我了。

我这个黄种小朋友在黑人学校想办法生存的经历，其实非常痛苦，现在回想起来，如果老爸、老妈没这样残忍地把我丢进去，我可能没这么快融入美国文化，现在也无法横跨在不同的文化里。

有时候我感觉，是上帝拉着我的手，带着我创作，在父母管不到的空间，就是上帝在做工。

talent？啥？

在画画课上遇到美术老师，真正让我得到自信，这是上帝对我刘大伟人生的美好做工。贵人，指的就是我的美术老师这种人。

第一次上画画课，来自希腊的凯斯（Poppy Kincaid）老师，看到我的画，说我很有"talent"，我的破英文，根本听不懂，只知道"good"跟"bad"，满头的问号，以为老师在骂我。

回家后赶紧查字典，才发现原来"talent"是天才、天分的意思。哇！我开心死了，这还是我第一次得到长辈赞美。

在台湾我虽然喜欢画画，学校的壁报比赛、美术比赛，根本轮不到我，老师喜欢画得像、工整的画，我的画歪七扭八，老师根本看不上眼。

经过几堂课，凯斯老师发现我有潜力，我也老实告诉老师，家长并不认为我能靠画画吃饭，我对未来也很茫然。老师听到后，专程到家里和爸妈恳谈，希望父母能全力培养我的天分，支持我走这条路。

老师的认可和支持，是我专心绘画的大转折点。同样在十三岁时来到美国，老师很了解我在学校的处境，她告诉我，无论何时，我都可以进她的办公室，所以每逢被同学欺负或追打，我就一头钻进老师办公室埋头画画。

之后的几个月，老师每次上课都给我很多功课，拿一些名画要我临摹，我自己觉得临摹得很难看，可是老师却认为我画得很好，她老是跟说我：
"You can do it!"老师这些指导方式，让我有很大进步。在认识她以前，我
只是喜欢画画的小孩，不管刚刚被骂、被打，进入画画的世界，我就什么
都能忘，那是我情绪唯一的出口。

尤其刚到美国，英文不好的我，什么都听不懂，数学课、历史课、
地理课，对我来说，全部都是鸭子听雷的英文课。放学后，跟着老妈、
老爸到教会，别的华人小孩，成绩都是ＡＡ，只有我是ＦＦ，老妈一讲到
我只有摇头叹息，有时候还会言词闪烁，要我别出声，觉得我简直就是
家族的耻辱。

这样一无是处的我，拿起画笔，居然可以成为被人家看重的人。即使
一开始我真的画得不怎么样，可是一想到老师对我的期望，我就不能让她
失望。于是回家拼命画，每天花很多时间画画，我也很少出门玩，反正刚
去美国也没有什么朋友，就是躲在房间里，不停画画。

慢慢地，我的画越来越好，老师给的功课也就越来越难，要我画的东
西都跟全班不一样。有一次，老师要求我画一个动物，但要用抽象的方式
表现，譬如画一棵大白菜，可以用橘子堆砌出白菜的样子。

我有些兴奋，脑海里跑出一条龙。

老师先画了一个抽象的东西给我看，那是用不同物品组合起来的画面，
有水果、铅笔等，拼凑起来，就是一幅美丽的画。老师要我用类似概念创
作，能不能用不同的东西组合起来，变成一个特别的东西。

我看到一幅古代的画，是用水果拼凑起来的人脸，非常有趣，近看你

会以为是水果静物画，往后退几步看，却发现是一张脸。

这幅画给我很大灵感，我想到东方巨龙辉煌且沧桑的样子，到底用什么来表现这条龙呢？我想到美国各式各样的建筑，有高楼大厦、有欧洲古建筑，都非常漂亮，都是我在台湾没看过的。

于是，我决定，让龙跟西方建筑融合起来，变成一幅画。

构思好后，我着手绘画。整个人分分秒秒都在思考如何构图？怎么上色？每天回家就冲进房间，至少两个小时以上专心画画，好像世界只剩下我的龙与画笔。

华府白宫、埃及金字塔、法国巴黎铁塔，龙有无数鳞片，我将这些建筑画成细腻的鳞片。

老妈觉得不可思议，一向好动爱玩的刘大伟，怎么变得这么自闭，每天关在房间里画画。老妈不知道，在我没有兴趣的状况下，越逼我，我只会越讨厌。画画不同，我发自内心喜欢画，自卑感得到解脱，我看到了人生定位。

这样的领悟与投入，一个月后，我终于完成了第一幅大作品，拿到学校交给老师。老师惊讶得说不出话来，她说，这是她教过画得最好的学生。我开心极了，能够得到老师的赞美，所有的努力都有了回报。

当时根本没想到，这幅画就是打开我人生道路的那把钥匙。

老师将那幅画拿去参加比赛，结果入选1983年全美最大的中学绘画竞赛前二十名。

我根本不知道这个比赛有什么了不起，一心想，连我都可以得，那隔壁邻居应该都有吧？后来，我收到美国总统写来的信，恭贺我得到大奖，这才惊觉原来真是个了不起的比赛。

更酷的还在后头。美国社会非常重视这种比赛，这个奖不把奖金颁给学生，而是设立一笔丰厚的奖学金，给我就读的黑人学校，用来设置专门的美术教室、课程等。我赢得这个奖项后，这所黑人学校因此被认为是培育美术杰出人才的学校。

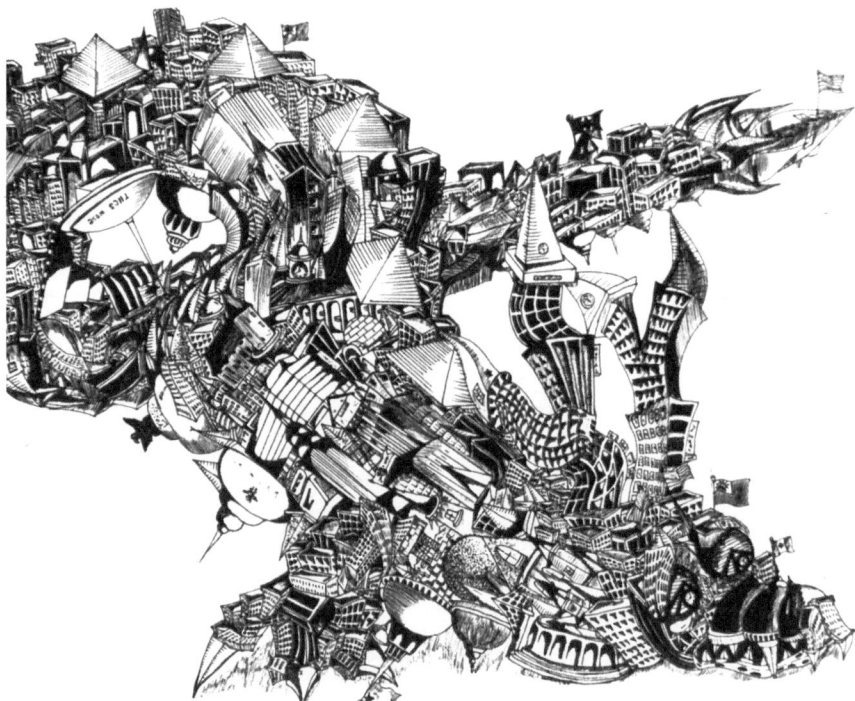

原本我的学校在美国算是非常边缘的学校，很少受到教育单位关注，一向被视为黑帮学校。现在因为我，摇身变成美术杰出学校，校长开心极了，每次看到我，眼神都充满了感谢。

在学校里，本来我只是假装会打架、虚张声势的"李小龙"，现在居然变成画画天才。原本有个欺负我最凶的同学Eddie，现在看到我，态度大转变，上画画课时，老是挤在我旁边坐，希望我可以教他一些，考试的时候，还会偷偷帮我作弊。

有次考英文，大家知道我英文很烂，拿走考卷，轮流交换帮忙写，再传回我桌上，我因此勉强过关。我这才发现，画画不只让我找到自信，也让我赢得朋友，很多敌人都成为好朋友。

尤其是Eddie，常常找我去他家玩，我记得一个人走了好远的路，到他家去拜访。那是我第一次踏进黑人家庭，非常有趣，他们家人一见到我，都很开心地招待我，说我是Eddie最好的朋友，他妈妈很感动地说："谢谢你教Eddie画画，除了打架，Eddie最喜欢的就是画画，你让他找到打架之外的同伴。"

代表毕业生演讲

只是这些成就，回到家里，还是不被老妈认同。老妈认为，画画不能当饭吃，我很会画又怎样？将来还不是要饿肚子？不如努力念书，拿个文凭，以后才好找工作。好好练钢琴，才不会变坏。

于是，老妈在美国依旧找了钢琴老师，每天逼我弹钢琴，我的画画才华，在她看来一无是处。还好我是真的不会念书，只有画画可以依靠，老妈也对我没辙。但那也不是我老妈的错，而是整个华人社会的观念问题，不管把小孩放在哪个环境里，华人还是抱持着"填鸭式"教育的想法。所以我看到很多到了美国的华人家庭，依旧不停找老师给小孩补习、练习才艺，对待小孩的教育方式，并没有因为美国开放、自由的学习环境而有所不同。

我的成绩一直是FF，到了毕业，却获选为毕业生代表上台演讲！我是那个考试"吊车尾"，什么都不会，所有的错都是刘大伟的错的刘大伟耶！老师跟校长一定搞错了，何况我英文烂到不行，连讲话都有困难，怎么面对这么多人讲话？

校长说，这个黑人学校成立将近一百年，从来没得到任何全美奖项，他在教育界，可以遇到我这样的天才儿童，是他毕生最大的成就，而且因为我，学校里很多对美术有兴趣的学生，才能有更好的培育环境，所以希望我能代表毕业生上台发言。

毕业当天，我走上讲台，看着台下两千多名黑人同学，有人对我比出加油手势，有人对我眨眼鼓励。谁可以想象一年多前，我刚转来这个学校时，是被大家排挤、唾弃、欺负的华人小孩呢！演讲结束后，两千多人全部站起来拍手，不停喊着："李小龙！李小龙！"我从一个黄种"丑小鸭"，成了美国学校的黑人英雄。

典礼结束，校长请我离开之前帮学校画一些画，我在校长室的走廊，体育馆内，画了不少画。2001年，学校一百周年庆，请了四位杰出校友回去演讲，一个医生、一个宇航员、一个演员，还有一个就是我。

再度踏入校长室，我看到当年的画画奖杯还在，当时画的画，也还留在校园各处墙上。透过绘画，我这颗功课上"吊车尾"的顽石，好像散发出了不属于石头的一点点光芒。

裸体总动员

风光地从黑人学校毕业后，我进入高中，又是另外一个截然不同的世界，这是白人学校，很少看到其他人种的面孔，黑人只有零星几个，而我当然又成为少数的黄皮肤华人。

刚进去学校，大家都用异样眼光看我，因为我长得是黄种人面孔，说得却是标准黑人英语，就连走路的样子、跳的霹雳舞、听的音乐，完全都是黑人模样，根本就是怪咖。

又开始有人跑来问我："会不会功夫？"我发现，一切又得重新开始，我又变回山寨"李小龙"，得再拿李小龙的壳保护自己。可是现在，我已经没那么害怕、恐慌了，因为我有了明确的目标，那就是我一定要画画，不管怎样，只要握着画笔，我就是个不一样的刘大伟。

学校的课程我一样完全听不懂，又没有朋友，再度躲回画画世界里，每天下课我都躲到图书馆，将所有古典美术的书借出来，一本本照着临摹。

我迷上了米开朗琪罗的画与雕像，他把人体的肌肉线条表现得非常漂亮。

《圣经》里面说："人是照着上帝的形象造的。"你看看米开朗琪罗的画，上帝是多优秀的艺术家，有无限的创意。人体的线条、弧度这么漂亮，手指、手臂、脚都能弯曲，每个动作都能看见流畅优美的线条。我对人体着迷得不得了。

那时候刚开始流行苹果电脑，几乎每个小孩都用电脑打游戏，可是我完全提不起兴趣。对我来说，欧洲油画、古典画，有着无限魅力，我恨不得把图书馆里的画册都看遍了。

所有米开朗琪罗的作品，我几乎都一遍遍跟着画过，不停吸收，甚至开始对健身有兴趣，我想知道能不能跟艺术作品里的人一样，拥有健美的肌肉线条？我一边健身，一边观察自己的身体，还常常脱光衣服，把自己裸体的样子拍下来，画自己的裸照。

房间里，贴满了各式古典裸体画，有铅笔的、水彩的，从来没有受过美术训练的我，现在回想起来，那些美术素描基础，应该就是这样打下来的。我用自学的方式，一步步让自己的绘画技巧更加精进。

我老妈可不这样认为，打开我的房门，她看到满墙裸体画，吓得要死，觉得我神经不正常，每天都在画色情图片，甚至还自己盯着自己的裸体看，不准我继续画。

可是，上帝造我时，就没穿衣服呀！对我来说，米开朗琪罗那种结合历史文化的创作，实在非常吸引我。只要专注在人体素描练习上，不管功课、朋友、家人好坏，只要有画画相伴，我就觉得开心，日子也就不那么难过。

这个学校的美术课都在剪星星、涂颜色，根本就是幼儿园劳作课，我觉得很失望。参加了毕业纪念册设计团队后，认识很多跟我一样喜欢画画的同学，大家谈起来，都觉得美术课实在无趣。我当时就想，既然学校没有适合的艺术环境，不如我们自己创造。

一开始有五六个同学跟我一起，组织了绘画社，后来其他同学陆续加入，我就成了带领十几个同学的绘画社社长。我们互相介绍画家、画册，一起开车到博物馆看画展、雕塑，带着素描本和铅笔到博物馆写生。后来的毕业纪念册，我把全校老师画成一张好大的卡通画，非常精致，当时拿

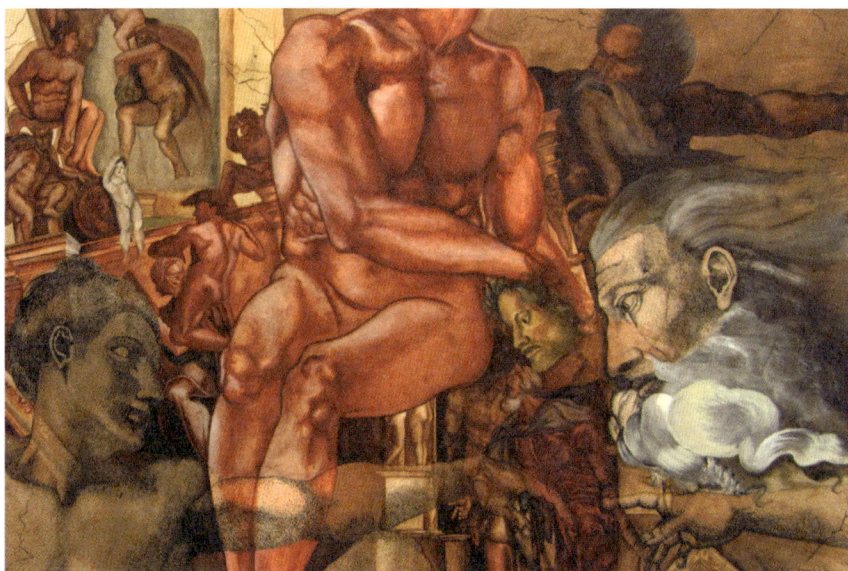

出来，全校师生都觉得惊艳。

在学校里我就是个艺术家，有些特立独行，不太喜欢上课，每天就是画画，大家反而有些崇拜我。

1985年，我十六岁，自己想要创作，当时想到中国的水墨画，觉得线条非常优美，很有意境，跟米开朗琪罗的写实线条完全不同，也许结合这两种画风，可以创造出有趣的作品来。

于是我将米开朗琪罗的画结合水彩与水墨，用黑点图片组合成新的作品，对我来说这是个新鲜的突破，将我绘画的层次带到另一个高点。拿到艺术社团的时候，同学们都觉得很惊艳，鼓励我拿去参加比赛。我自己去问老师："有没有高中级的比赛？"老师才告诉我，有一个美国巡回展大赛，我便自己报名，将作品交上去。

这次又入围全美巡回大展，让我更加确定不管未来如何，我就是要一直画画。

不想念大学

走出懵懂的青少年时期，我进入大学，对于自己、对于未来，仍旧不是那么清楚。我以为画画的未来，就是当个浪漫艺术家，或者实际的建筑师。

带着这些迷惑以及全美艺术奖项的加持，我顺利申请到在亚特兰大的乔亚艺术学院，学校还提供给我全额奖学金。学校主要教导抽象画，我想，做个浪漫艺术家也不错。

艺术大学的学生跟我在台湾的艺术学院看到的学生一样，奇装异服，每个人看起来都像麦当娜或是女神卡卡。

刚入学，我害羞、安静，看到大家踊跃举手发言，我觉得很恐怖，常常想要躲起来，只要不被发现就好。

但是到了第二年，改变最大的就是我刘大伟，我不仅常常站起来发言，还抢着质疑老师，跟老师辩论，根本就是个问题学生，叛逆到老师都非常讨厌我。主要因为我对艺术的困惑，随着学习的深入而越来越大。

我常常问老师："什么是艺术？"发现自己的作品越来越奇怪，老画一些没人看得懂的东西，然后再写一大堆废话来解释这幅画。我花了一堆时间写论文，不是在画画，难道这就是艺术？会写论文就是艺术家？

我不止质问，还实际操作给老师看！我拿了相机，拍下垃圾桶里乱七八糟的东西，然后将照片放大。我拿这张照片问老师："这样就是艺术吗？"

没有人给我答案。我学得非常痛苦，再这样继续下去，我的热情终会消失。左思右想，与其在这里学习我不认同的艺术，不如回家自己画画，不断锻炼绘画技巧。况且，我要当个艺术家，不是建筑师、律师、医生，没有文凭也没关系，对艺术家来说，真正重要的是艺术创作，并不是那一张纸啊！

思考了好久，大学一年级结束的暑假，我决定不念大学了！

这个看似叛逆的决定，其实才是对我自己人生负责的决定。既然没人能告诉我为什么要学这些？我就得自己去找答案！我努力去挖掘自己内在的想法，想搞懂"刘大伟"这个人要的是什么？可以做到什么？我拼了命依照自己的能力，朝着让自己更好的地方前进。

当时年轻的我，也许不很清楚自己的向往，可是现在回头看，无法对那样的困惑置之不理，就是给我自己成长的最好礼物。

那是我决定对自己人生负责的第一步。

这消息非常不得了，老妈立即放下台湾的面包事业，飞到美国来。先是用她惯常招数大骂，接着上演家庭伦理大悲剧，她抱着一盒面巾纸，边哭边训我："大伟，你知道，爸妈为了让你念书，以后有好出息，每天在台湾做牛做马，就是希望你在美国可以好好完成学业……呜呜呜，结果你在美国念成这样，你知道我们有多灰心……呜呜呜……"

这些话，我已经听到耳朵长茧，老妈还可以从台湾飞到美国讲一遍，可是，我只是想要好好地画画。

我跟老妈说："我想回家，住在自己家里画画，我觉得这比在学校上课好。我会自己到中国餐馆打工，你们就不用再当牛当马了啊！"

老妈发现苦情计没有用，开出条件诱惑我："大伟，如果你愿意再回学校念书，我买台车给你。"

他们根本不明白，我要的不是车子、零用钱，我需要的是理解，能够支持我的理想，懂得我在想什么，而不是一味把自己的想法以及对这个世界的认知，强硬推销给我。

好说歹说，就是没有达成共识。整个暑假，我都窝在中国餐馆打工，自己养活自己。工作回家后，就是画画。我发现这样的生活快乐而充实。

看我意志这么坚定，老爸、老妈开始出动游说团，一个星期我总得要接见一个到两个亲朋好友，要我回到学校完成学业。打工很辛苦，薪水又不多，这些说客可以请我吃些大餐，也挺不赖的。

经过一个暑假的"拉锯"，最后我还是输了，受不了老妈泪眼相对，还有亲友团排山倒海的游说。我勉强答应再回学校上课，度过痛苦的艺术学校第二年时光。

海水里的奇遇

住在佛罗里达的好处，就是到处都是海，非常适合冲浪、钓鱼，好动如我，身为狮子座的强壮男性，与大海有关的各项活动都很适合我。回到学校的第二个暑假，我已十八岁，有一回照例去海边玩，邀上死党强尼、乔治、威尔，还有强尼的妈。

那一处海岸，两旁有长长的防波堤，防波堤里海水极其平静，我玩水喜欢来些刺激的，就和另外三个死党爬上防波堤，跳进另外一边，真是过瘾，海浪不断打上来，我们四个人一起跳进海，当我再次浮上来，发现我离刚刚跳水的地点有好长距离，强烈的海潮一下子就把我们卷出去了。

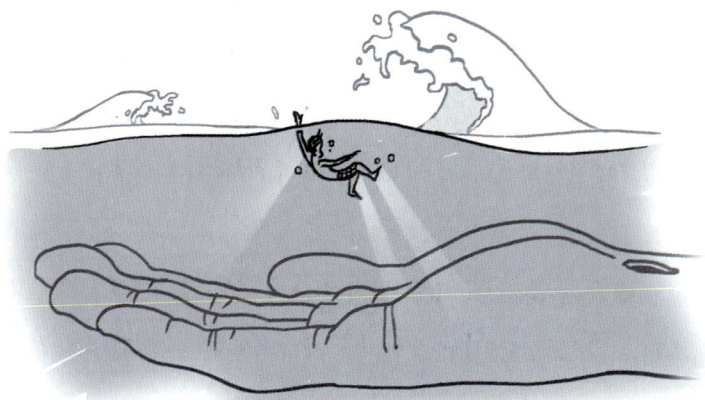

乔治和威尔紧紧抱住海中的大礁岩，礁岩上面有许多贝类和会割人的锐利礁岩，他们身上已经被割了好多伤口，痛苦的表情写在脸上，夹杂着鲜红的血液……

我正在考救生员执照，游泳对我来说轻松愉快，但是我身边的强尼身子瘦弱，更要命的是不会游泳，他在我身旁载沉载浮，看起来虽不很慌张，却不时用微弱的声音说，大伟救我……

救生员很忌讳的是，溺水者会拼了命拖你一起溺毙，所以我得提防强尼拖我下水……隔几分钟，我就把强尼拉出海面，让他安稳呼吸一下下，然后放手……

几次过后，我变得虚弱，要在湍急海流中保持稳定是很耗体力的，我看见防波堤上强尼的妈妈，死命哭喊着，强尼游回来，强尼游回来……

强尼是独生子，他的妈妈费尽千辛万苦送他到美国来，如果强尼有个三长两短，我怎么面对他妈妈？最差状况就是我和强尼一起溺毙，可能比独自面对强尼妈好太多了，既然这样想，心里就踏实多了。

我还是固定拉起强尼一下下，趁机对他说，强尼，我们也许快死了，让我们一起祈求神吧，祈求神救我们渡过这难关……之后我就晕过去了，感觉一切都轻飘飘的。

不知道过了多久，突然听见强尼叫我，大伟，大伟，大伟，你醒过来啊……被强尼叫醒后，我吐了好几口水，发现更神奇的事，我们竟然可以踩得到底！直立站在海水中，我和强尼就这么神奇地走回沙滩。

一离开海面，我整个瘫在沙滩，耳边传来强尼妈妈的怒骂声。我满心感谢，握着强尼的双手，眼角带着泪水，我们的命是神救回来的！神救我们一定有神奇妙的安排！在汹涌海潮中，前半段是我救强尼，脱离海面呼吸几口空气，但后半段是强尼在海水中唤醒我，一起走回沙滩。

据防波堤上面的人说，我们在海上载沉载浮了四十分钟。

说来也许神奇，但那一刻，我亲身感受到属于老天、宇宙的力量，我触摸到抽象的神力，我知道，上天在照护我、眷顾我。不管怎样，

美国彩色宽银幕立体声故事片

阿甘正传

阿甘憨憨的
在他眼里，这世界
完全是另外一个模样

刘大伟 主演

我都是老天疼爱的生命，上苍造我，一定有目的，它不会造一个一无是处的生命，我感受到神迹，我开始相信自己，不再认为自己什么都不会，我对生命有很大的盼望。

那之后，我觉得自己变成阿甘，笨笨地一直跑一直跑，什么都不管，我就是要一直往前跑。我已经亲自体会到上帝给我的力量；小时候各种人生风景从我身边滑过，我看到老妈，一边哭，一边气得骂我，但我不管，我要自己往前跑。我看到老爸在老妈的喝令下，拿着皮带在后面追我，可是我也不管，这是我自己的路，我要继续跑。

老天爷在海里告诉我了，它不会制造一个垃圾。我听到它在跑道的那一头说："大伟，你跑吧！我造你是个艺术家，为了这个，你就勇敢往前跑！"

所以我决定，不要浪费青春和智慧去学愚蠢抽象的东西，我要继续画画，但要用我喜欢、有意义的方式学习，不是为了文凭，是为了我自己以及我的人生使命。

素描是王道

每个人都要去试试看自己的能耐，公鸡小的时候也要叫叫看，即使刚开始声音沙哑，但也要去尝试，才能探测出自己的生命力量。

看我这么坚持，老妈也拿我没辙，最后也只好退让准我转学。我想，也许可以再试试，同意转到家附近的一所艺术学院，在专人导览下，我随意在校园晃了一圈，发现这个学校着重绘画基础功底，尤其重视素描课程，我过去从来没有接受过正式的绘画技巧训练，心里转为期待，希望能够在这里精进绘画技艺。

进了学校，我才发现自己素描基础不够，画东西的立体空间感不足。尤其是画插画、油画，因为没有基本素描功夫，对自己的画没有信心，常常得靠幻灯片、投影机来描。其实基本的素描是不断训练眼力，将看到的东西，传达给脑袋，透过手描绘出来的，眼睛跟脑要达到完全一致的程度。

明明两个人看到一样的东西，有人画不出来，有人则可以通过手传达出他想要表达的，让观者感受到画作的生命力，这就是艺术的精华所在。因为这份力量，可以让观者百看不厌，体会艺术的高潮。

我几乎像医生一样，透彻研究人体的骨骼、肌肉，骨骼弯的时候，形状会怎么变化？肌肉线条又如何跟着改变？把自己的眼睛训练成X光机，不停扫描各种结构。到后来，看人的裸体看到麻木，各式各样的裸体，老人、年轻人、胖的、瘦的，画个没完。

我非常专心而投入，每次老师出一个功课，我就做两个。只做一个功课对我来说太容易了，我想要尝试各种不同的画法，既然有多出来的时间，就再画一个。

这个学校要求学生将所看到的东西，精准描绘出来，类似米开朗琪罗的画法，要求绘画要生动立体。后来我才知道，因为严格要求基础素描，让这个学校成为美国迪斯尼选拔动画师的艺术学院，迪斯尼挑选人才时，重点不在完美的油画，而且纯粹讲求素描功夫，是不是有空间感、立体感？能不能在2D的纸上，以线条表现出3D的立体效果来？

唯有具备这样的基本功，在制作动画时，才能让人物动作灵巧流畅，一个接一个。很多艺术学院的学生，根本不重视这样的基础，我发现台湾尤其严重，学生大多认为，电脑可以帮我画，我为什么还要学结构、学素描？认为画画更重要的是靠创意跟想象。

其实电脑是死的，只是工具，如果自己不具备描绘基础，透过电脑绘制出来的东西不会有生动的立体感。素描训练的是观察力，要了解人或动物的各种动态，唯有对每个动态的细节具备深入理解能力，才能透过纸笔、

电脑这些工具，绘制出生动的画来。

这也是为什么苏联的艺术家需要先学六年素描，每天不停地用铅笔练习素描基础，及格毕业后，才能成为油画家、水彩画家等。

因为我的坚持，让我后来可以进入这个好学校，完全改变了我对绘画的想法。我长大了，必须要有自己的判断力，未来要走的路是自己的，唯有自己深刻思考、比较过后，才能清楚哪条路适合自己。

四次征选进入迪斯尼

我的学校瑞格林艺术与设计学院（Ringling school of Art and college Design）在美国动画界赫赫有名，迪斯尼每年都会来学校挑选实习生。全美每年艺术学校的毕业生大概有一万名，能够进入迪斯尼实习的却只有八个人，竞争非常激烈。

我入学那年，这所学校才刚有两名学生被迪斯尼录取。当时动画才刚兴起，我之前想的都是成为纯艺术家，从来没想过绘画还有其他出路。当我看到迪斯尼对动画师如此严格要求时，我便立志要考进迪斯尼，去体验动画王国的精神，好好学习了解什么是动画。

做了决定后，迪斯尼每半年在学校办一次征选，我都会参加。第一次没考上，很多人放弃了，可是我既然下定决心要进入迪斯尼，就不能轻易放弃。第二次，我再度参加征选，还是落选。身边的人劝我："别傻了，醒醒吧！一万个才选八个耶！也太难了。"我仍旧没有放弃，对我来说，第一次学经验，第二次了解错误，第三次才有改正错误的机会，第四次就能完美演出了。

果真到了第四次，我成功了！迪斯尼选了我成为实习生。

进入迪斯尼工作，我还保留了一个秘密，我在学校的英文、数学一直没修完，当然也没有办法拿到文凭，只有学历证明。老爸、老妈一直不知道这件事，否则一定气得跳脚。没有拿到文凭，对我来说，一点也没影响我进入迪斯尼成为动画师的工作表现，在职场上，重要的不是那张文凭纸，而是有没有具备工作的热忱与实力。

实习时间是三个月，一开始，迪斯尼不急着要我们做出什么成绩，只要我们了解动画王国的故事。我们不停上课，内容不外乎了解明白《白雪

公主》创作者的故事动机以及思考原点，还有迪斯尼创办人曾经穷到需要借钱，才能继续梦想，但现在却是全世界最有影响力的动画工厂拥有者。

那三个月，开启了我对动画世界堂奥的理解，我才发现，动画看起来简单、浅显，每个人都能懂，但背后结合了音乐、摄影、故事、绘画等各项艺术精华。一部好的动画，必须巧妙融合这些高深艺术，以最简单的方式，呈现在观众面前。

有了这样的理解，我对动画产生了莫大兴趣。可是实习结束后，如果想顺利成为迪斯尼动画师，一开始也只能做最基本的人物绘制工作，就是不停地将上面决定好的人物动态，如实描绘下去，不停地一张张复制。

这样的工作非常无趣，没有创造力，根本不是我想要做的。实习结束，要交成果报告，别人都铆足全力，想要展现自己在动画师工作上的才华，我却转而做背景主题设计。当时迪斯尼主管提醒我："我们要找动画师，不是背景师。"他希望我能在人物着力。

光做人物实在无趣，既然这样，我就做全套好了，包括人物、背景、光影、色彩等。反正有没有被录用不是我最关心的事情，我要做出自己真正认同、想要的东西。大不了回老本行，专心画油画。

抱持这样的想法，当我将整套故事呈现出来时，迪斯尼的主管非常喜欢，给予很高评价，破格录用我成为"艺术总监"，负责的不仅是动画人物，还包括背景设计、颜色调配等。

进入迪斯尼，是我真正艺术学习的开始，我见识到许多动画大师信手拈来炉火纯青的色彩、光影表现，以及人物工笔素描的细致与掌握，都让我佩服惊叹。

我也参与了很多片子的制作，包括《美女与野兽》《阿拉丁》《狮子王》《花木兰》等，参与每一部动画制作，都让我大开眼界，走向迷人的惊奇之旅。

1982年，八年级，我站在学校的麻烦人物Eddie旁跟他合影，当时我们已经变成最好的朋友。

八年级跟凯斯老师合影，她是我这一生的贵人、精神导师以及好友。

1983年，初中毕业典礼，我永远记得演讲后，全校师生站起来为我鼓掌好长一段时间，校长也颁给我这座奖杯，直到现在，这个奖杯还放在学校大厅里。

1986年，高三时毕业纪念册制作三人小组合影，我在这里认识了人生最好的朋友，也就是我右边的Brad Vancata，他是我结婚时的伴郎，在1995年4月，我恐慌症病发时，也是他陪伴在我身边。

1988年，我在艺术学院的作品。在这里，我表达了自己对这个世界制造核武器跟战争的看法，那就像人们把整个地球挤进马桶一样糟糕。

1990年，我在艺术学院念书时，帮一座地方动物园绘制的版画作品。

1990年，我在艺术学院学生画展上赢得第一名的油画作品。

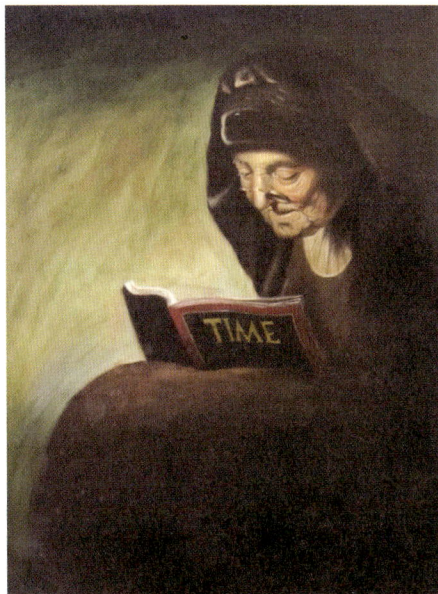

1990年，我在艺术学院的油画作品。

1987年，我在艺术学院的学生展上写生。

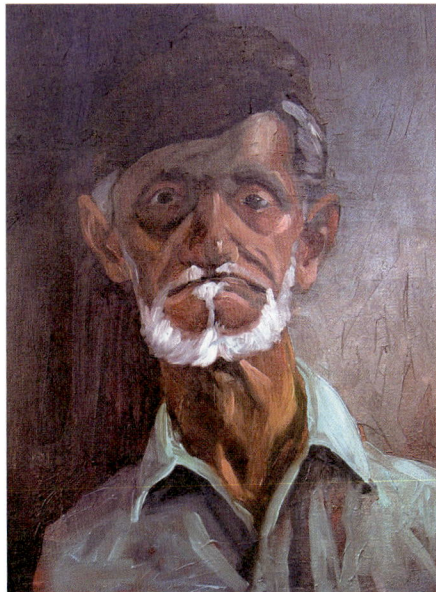

1988年，我的人像作品：老人。

幕后SOP
——
从黑人部落到狮子王

迪斯尼动画开发期

| 1 | 找一个好故事 |

↓

| 2 | 故事情节设计 |

↓

| 3 | 视觉设计、决定风格 |

↓

| 4 | 故事版与分镜 |

　　大家在银幕上看到的迪斯尼动画电影，依照流程，从无到有，制作完成最少都要花上四年，有更多的剧本根本毫无机会拍摄，永远躺在柜子里，甚至被直接丢进垃圾桶。

　　《狮子王》剧本就跟我一样，是个差点被放弃的作品，因为表现不好、不讨喜，濒临被丢进垃圾桶的边缘。但命运安排，竟然有人慧眼识英雄，把这份剧本捞回来，慢慢深入挖掘属于《狮子王》的内涵，大家才有机会看到这部动人的动画电影。

　　每一部成功的迪斯尼动画，其实都是经过这样摸索、寻找才诞生的。

　　迪斯尼动画在制作上费时最多的，就是头两年的剧本研发阶段。分派有一个导演、一个编剧，针对故事做各式各样发散想象，迪斯尼在这个阶段允许各种可能性，许多天马行空的想法也在这时候出现。搜罗各式各样的剧本，不排斥各种可能，才能让新奇特异的创意出现，而不断尝试、发现错误，在错误中发现机会，是这个阶段的主要工作。

　　平均每十部剧本，只有两部能继续推进到制作期。每研发一个剧本，迪斯尼都得花上二千五百万美元，可是将不看好或者没有发展潜力的剧本丢到垃圾桶去，迪斯尼却一点也不会心软。一旦制作成电影，可能会付出至少六千万美元，甚至不惜超过一亿美元的代价。对迪斯尼来说，这有如浪里淘金，要得到闪亮的未来，就得付出相对的成本与耐心。

　　美好的创意十之八九都是从错误的大海里捞出来、淬炼成珍珠的，过程非常辛苦，也不见得能回收，可是不出海捞捕，也无法找到珍珠。

　　迪斯尼动画电影的收益，除了票房，有极大部分来自授权和周边商品，一旦成功，商机无限。研发期付出的成本，在未来的回收想象中，还是很值得的。

① 找一个好故事

动画电影的关键成功要素，是故事本身。一个吸引人的故事，几乎占八成的成功基础，其他的绘画演绎部分，仅占两成。迪斯尼熟谙此道，才愿意长期投入大量金钱与人力成本，确保"说故事"的本领。

剧本故事呈现后，除了迪斯尼老板拍板决定要不要拍摄外，第二年还会邀请心理学家共同讨论，从心理学角度判断故事好不好？够不够大众化？观众看了会有什么反应？

所以一个剧本从无到有，进入拍摄，甚至拍摄完成后，都得经过成百上千次的修改，目前这个阶段纯属文字阶段，还没进入绘制。

《狮子王》的原始故事本来是迪斯尼冷藏的剧本，是描述父子关系的故事，说的是黑人部落里，有个很会打仗的英雄爸爸，后来爸爸战死了，一直崇拜爸爸的儿子亲眼看着爸爸死掉，最后才知道原来是家族里的亲人陷害爸爸，儿子因此展开复仇。父子关系往往充满对立、纠结、和解跟相惜、不舍等感情戏，虽有亮点，但原始剧本还很粗糙，而且光有父子这个元素，就商业与艺术角度考量还不够，尤其是黑人部落，面向西方或东方的主要电影市场时，都不容易引起共鸣。

但1989年，迪斯尼刚做完《美女与野兽》，开始寻找下一部动画电影题材，因为《阿拉丁》的印度风情深受观众欢迎，所以这个讲述非洲部落的异国故事重新受到青睐。

迪斯尼的动画片有如包含巨大商机的广告片，在一个半小时的电影里面，必须将故事角色深入活化到观众心里，好让小朋友、大朋友，都想掏钱买下相关产品。我们在检视《狮子王》原始剧本时，以当时的眼光评估，非洲的黑人很难塑造可爱形象，欠缺魅力。

　　另外一个困难是，一般电影观众不理解非洲部落的生活，不能设身处地了解非洲黑人必须跟动物搏斗，得冒着生命危险才有东西吃的处境。

　　即使这样八字都没一撇的粗略情节，迪斯尼都愿意花费金钱、精力着手培养这个故事。

　　于是由八位工作人员组成的一队工作组被派到非洲去，制片、导演、艺术指导跟动画师都到非洲生活一段时间，观察黑人部落，到大草原上体验非洲世界。我们发现，最吸引我们目光的是非洲各式各样的草原动物，而为我们所公认的非洲最伟大的生物，不是黑人，也不是部落酋长，而是"狮子"！

　　狮子没有房地产，需要狩猎觅食，不知道下一餐哪里来，这是一般人的常识。我们能够很自然地利用狮子的角色，转化野蛮部落的生活概念，顺畅而简单地往下说故事。我们也可以想象小狮子玩具公仔讨喜、可爱的模样。动物永远可以跨越种族、国界，任何地方的小朋友甚至大人，都不会排斥动物。

　　经过好几个月在非洲草原上的追寻，我们终于找到这个故事的卖点，《狮子王》就此诞生！

② 故事情节设计

　　确立故事主角是狮子后，我们进入设计故事情节这一环节。本来的剧本比较单调，高潮、起伏较少，观众对非洲黑人部落战争的共鸣点不多，所以需要补强。

剧情高潮曲折不代表复杂。迪斯尼向来奉行的铁律是"KISS"；也就是"Keep it simple and stupid"，所有故事都要保持简单和一目了然，一旦复杂就得花很多力气解说角色关系或来龙去脉，不但容易偏离主题，也会让观众失去耐心。迪斯尼相信用简单的方式讲故事，越简单，越容易诱发观众想象力，才是成功的动画电影。

我们设计《狮子王》的情节，同样要琢磨怎样简单地讲故事，甚至不需要语言，用图片、演绎、表演，就可以将故事讲出来，因为图片没有国界与年龄的分别。

简单讲故事的最好方式，就是将观众的生活经验代入，才可以不用花很多力气解释，让观众一看就能进入剧情。迪斯尼惯常手法就是："把大家

共同熟悉的历史与文化意涵放进去",一旦应用这种国际语言,观众一看就能立即联想,产生"好像有看过、我知道这个"的共鸣。

设计《狮子王》的故事,我们参考了《圣经》。在美国等西方国家,基督教文化很普遍,《圣经》更是西方人或多或少都读过的书,引用《圣经》故事,最能让西方观众立即投入。

举例来说,小狮子辛巴想要夺回属于父亲的王国时,是个重大的转折点,必须要铺陈合理、自然,可是又不能复杂,得让观众一目了然,立即投入才行。

我们设想用父亲的鬼魂回来跟辛巴讲话。可是祖先、鬼魂比较接近亚洲文化,对西方世界而言不够亲切,辛巴自己做梦呢?还是有人来找他回去?类似的情节转折,每个参与的工作人员不管有无负责剧本工作,都得想出六个到七个解决方案,在会议上提出来。《圣经》里面有很多诉说父子关系的故事,我们一直在研究、参考各种不同的表达方式,直到看到摩西的故事,我们的感受强烈地到位。

摩西本是埃及王子,被流放驱逐后,消沉了一段时间,后来受到上帝感召,再度回埃及去,这个概念正好用来诉说小狮子辛巴的转折。

摩西在旷野里牧羊四十年,有一天看到荆棘被烈火燃烧而不化,火团突然变成上帝,开始对他讲话:"摩西、摩西。"摩西觉得很奇怪,是谁在叫他?火团里出现的形象告诉他:"是我,我就是上帝……"

我们被《圣经》故事里这段上帝召唤摩西的过程吸引,所以也用同样方式阐释辛巴重返王国的启示。

　　于是辛巴在草原里奔跑时，突然看到天空的火柱云彩里，有个声音跟辛巴说话，然后慢慢地，那个声音跟云彩变成辛巴的父亲，对辛巴说："你记得你是谁吗？"也许观众在看这一段时，不会马上联想"这就是上帝与摩西"，但潜意识却能很快接受天启，因为这是西方人所熟悉的《圣经》故事。

　　在很多迪斯尼动画电影里，都可以看到《圣经》故事的情节安排，这是因为西方文化有唯一的神，有上帝存在。可是亚洲不一样，传统东方文化没有上帝，所以我们在讲《花木兰》的故事时，就不会使用上帝、《圣经》的概念，改以东方世界本有的"祖先"意涵，这是大家具有共识的概念，所以这个启示的代表"龙"，在《花木兰》里就成了祖先的投射。

　　引用共通历史观念，跟引用《圣经》是一样的手法。

　　在设计辛巴舅舅这个反派角色时，我们考虑了很久，究竟谁当舅舅的帮派？如果是几只反派公狮子，容易造成混淆，因为公狮子很少，在非洲大草原上，公狮子的工作就是打架，赢的狮子就变成王。如果把这些狮子拉成"暗中"的反派角色，就得花心力去解释。

　　所以狮子都是好的，只有一个是坏的，那就是舅舅，否则小朋友看不出来反派与正派的差异。那么谁是舅舅的反派同伙呢？

　　在设定故事时，将其与人的潜意识的记忆联结，勾起人的回忆与共鸣，就能用故事控制情感，你要观众高兴就高兴、悲伤就悲伤。

　　于是我们回溯历史，寻找反派形象。我们想到西方世界中最大的反派就是希特勒，他对贫穷、社会阶级较低的德国人洗脑，将德国人吃不饱、饿肚子的原因归咎到犹太人身上。只要打倒犹太人，一切就好了。

　　我们便将草原食物链中比狮子还要低阶的野狗拉出来，作为跟随舅舅的反派军队。舅舅告诉野狗：因为有狮子王，你们才没得吃，只能吃狮子吃剩的东西，现在只要打败狮子王，你们就再也不会饿肚子了。

　　如此一来，借用希特勒的印象，就能很简单地建构舅舅的坏，让观众直觉认为舅舅不是好人。但一开始故事并没有点明白舅舅到底是好是坏，而是让观众慢慢被这样的形象牵引，最后才发现他是坏人。

　　随着动画摄制工作到了第三、第四年，人物设计、故事版都已经出炉时，迪斯尼还会到主要大城市各寻找四十位到五十位观众，包括老师、家长、大学生等，针对现有故事版给予意见。迪斯尼非常重视这部分的观众回馈，往往会随着观众喜好，修改很多重要的故事情节，这是为了确保电影上映时，确实能够吸引观众。

　　《狮子王》的一个高潮情节是辛巴的爸爸受伤落败，遭到驱逐。我们在制作这个动画的第三年，找了五十个观众来看，有个小朋友说："这个爸爸如果死掉，我会更同情辛巴！"

　　听见这个小朋友的意见，我们重新检视原始设计，反复研读讨论后发现，小朋友说得很对，如果辛巴的爸爸死了，故事张力增强，令人更同情小辛巴的遭遇，之后辛巴重返王国的正当性就越加强烈。

　　虽然进行到这个阶段，很多前制作已经安排好，要做如此重大的更改，势必付出更多成本，可是迪斯尼已经娴熟这样的修正。不管任何时候，看到错误却不立即修正，对迪斯尼而言，才是最大的风险。

死亡是生命历程的重大经历，剧情效果往往最强，在彩色、欢乐的迪斯尼动画中，要让死亡不带来恐惧，而是既具有艺术美感，又能表达死亡的启发，这向来是对迪斯尼动画的重大考验。

估计一部动画电影整个制作过程有一千五百名工作人员。负责前制作的制作团队有八人，天天聚在一起头脑风暴，连吃饭都在讨论辛巴爸爸该怎么死，才能让小朋友看了不害怕，又能体会死亡这件事是人生中真实而重要的事。

我们八人团队，每个人都得想出二十种死法，然后再窄化到十种可能性，开会进行讨论，挑出五个来，最终再筛选出三个。这三种死法，最后要通过全公司票选，由所有人决定，狮子王到底要如何"死得很动人"。

这样一个细节设计，很难计算耗费多少人力金钱，一部动画电影好不好看，关键就在这些细节有没有被认真对待、完美设计上。这是迪斯尼看似天马行空的创意下严谨的作业方式。

总结来说，设计每一个故事环节，我们永远都会记得铁律——"把观众视同小学生"，要让观众在最短时间内掌握故事，不做复杂解释而偏离主题意识。

③ 视觉设计、决定风格

确立故事情节，剧本文字阶段算是完成了，接下来就是文字图像化。

　　不过在进入真正的动画绘制之前，我们得先决定整个影片的视觉风格，也就是每一个场次的颜色，颜色不同会让整部电影呈现出不同的感觉来。

　　我们会先用几个方块来组合，用想象的方式来介绍颜色变化。例如，第一幕到第二幕颜色会怎么样从蓝色慢慢变成灰蓝色，第二幕到第三幕又会如何从灰蓝色中浮出沙漠的黄。用色卡一个个画出每一幕颜色的变化，这个阶段不会有人物，就只有背景色卡，用颜色来表示各个不同背景，从色卡来想象未来的场景。

　　每一场的颜色决定都会由导演、艺术总监和制作人进行全面讨论，决定之后，接下来的背景设计，就会跟着颜色轨道走。一般来说，整部动画电影主要的颜色只会有几种，这是为了统一电影风格，同时也透过颜色暗

示观众，角色处于不同的情绪、状况中，用以牵引观众融入剧情。

在决定每一场颜色前，我们会先研究什么样的颜色给人带来哪些不同的感觉，运用色彩心理学牵动观众的情绪。

一般来说黑色让人感觉没有盼望，灰色是非常难过，天空蓝让人感觉舒服，深蓝则是忧郁，红色带着警告、危险的意味，黄色是警示，青绿色则是舒服、清爽。在这个阶段，等于是用颜色说故事，是艺术上非常重要的表现形式。

在设计《狮子王》的颜色基调时，我们遇到很大困难，非洲沙漠不像《美女与野兽》的法国乡村，有城堡、彩绘玻璃，场景多样丰富，就能运用各式各样的颜色。沙漠几乎都是黄色，顶多只有几种植物，要不然就是石头，颜色变化很少。狮子王的家应该是什么样子呢？

迪斯尼动画经常将动物拟人化，但一定要合理、自然，尽量用写实来处理超现实，才能让观众认同剧情。所以即使是会说话具有人的个性的狮子，走路的样子、神态，还是要维持狮子模样，不会站起来说话，也不会拿脚当手用。

为了解决这个问题，我们先把舅舅这个大反派拉出来，他是所有角色中性格最明显、变化最多的，完整塑造这个角色，就能带动整部电影的情绪起伏。所以场景颜色得随着舅舅出现而变化，他一上场，画面就呈现黑、红和化学绿三种颜色。观众在不知不觉中，被这三种颜色牵引，进入比较负面、邪恶的情境中。

我们特别设计了大象坟场作为舅舅经常出没的地点，虽然是虚构的场景，但因为大象是非洲草原上常见的群聚动物，所以不觉得突兀，以此暗示舅舅性格的阴暗面，如此一来，除了原有的沙漠黄，还可以加上代表死亡的灰色。

　　舅舅的颜色定调后，便可以就沙漠上原有的颜色进行各场景的颜色配置。比如狮子王爸爸出现时，为了暗示光明、正义、勇敢这些特质，就减低黄色沙漠的比例，大幅增加蓝天色调，观众一看到狮子王出现，就会跟辛巴一样，有安全、信赖的感受。

　　场景配色后，就是人物本身的配色，这部分的设计就要有整体、一致性的安排。每个角色都有自己专属的颜色，鸟的颜色和小狮子的颜色不能混用，而且不能随意安排颜色，必须根据角色性格设计，反派舅舅选择的就是咖啡色，既可以跟背景里的黑色元素相区隔，又能代表黑暗；狮子王爸爸则是橘黄色，因为古代皇帝的黄袍就是这样的色泽，具有王权的象征；主角辛巴比较复杂，随着他的成长，会有不同变化，先是代表青少年的青绿色，然后慢慢往黄色、淡黄色演变。

　　设计人物颜色得留意和主要的沙漠背景色对比，才能让人物从背景里凸显出来。另外也同时要考虑将来用在周边的玩具产品，这些颜色是不是有卖点，行销部门的意见要加进来，而未来这些设计会交给一两百人跟着画，所以不能太复杂，否则就难确保一致性。

④　故事版与分镜

　　确定每个景与人物的色彩配置后，就要将每个景化成一张张简单的小画，标示出不同景的不同颜色。同时将主要人物的色彩放进来，确定每一幕的风格设计，包括群众、环境，都要有共同搭配。

这个过程就是将文字剧本发展到图片的故事版，这个部分也是当时我在迪斯尼担任艺术总监的主要工作。

故事版的色彩配置会与分镜一同进行，也就是将剧本拆成一片片的图片画出来。这个阶段等同于帮电影打草稿，所以参与的动画师，不见得是迪斯尼内最会画画的人，但一定要是最会讲故事的人，才能有创意地用图画方式呈现剧本，协助导演看到剧本从文字变成动画的可能性。

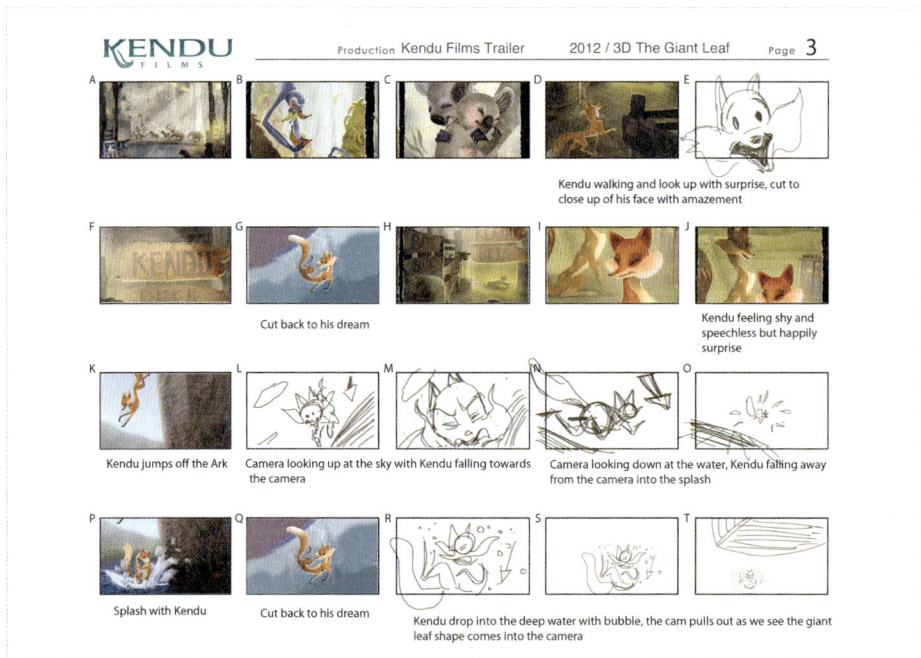

KENDU FILMS　Production Kendu Films Trailer　2012 / 3D The Giant Leaf　Page 3

Kendu walking and look up with surprise, cut to close up of his face with amazement

Cut back to his dream

Kendu feeling shy and speechless but happily surprise

Kendu jumps off the Ark

Camera looking up at the sky with Kendu falling towards the camera

Camera looking down at the water, Kendu falling away from the camera into the splash

Splash with Kendu

Cut back to his dream

Kendu drop into the deep water with bubble, the cam pulls out as we see the giant leaf shape comes into the camera

　　光是这个初阶分镜，就会有十五名动画师参与，有人负责开场、有人负责上色，大家分工合作，各自绘制，每三天就聚在一起，互相检查彼此的作品，确保每个环节可以顺畅衔接。

　　我们把画完的成品，贴在一个大房间的墙面上，导演只要走进房间绕一圈，就会像看漫画一样，可以看完整部电影。这个房间是迪斯尼最机密的核心基地，不属于这个阶段的工作人员，是不能随便进出这个房间的。

黑雾迷航

进入迪斯尼工作，是我真正学习的开始，就跟《狮子王》动画进入真正拍摄阶段一样，这时所进行的每个制作过程，才是要将"刘大伟"这个作品正式端到世人面前。

可是距离"刘大伟"正式问世，还有一段路途。在这里，除了磨炼绘画技巧，最重要的，是我看到了迪斯尼人的工作态度。不管职位如何，在动画界拥有多崇高的地位，他们都非常谦虚，不因创作过伟大作品，就因此骄傲，面对每一个新创作，都会抛掉过去的经验、想法，把自己归零，重新开始。

我很喜欢偷偷观察这些大师创作的过程，好几次，我站在旁边看迪斯尼大导演、动画大师为背景上色，大为震撼，看起来好像是随意的描绘，使得本来看似平淡的背景，经过他们巧手着色，居然变得精致、漂亮起来。

他们对作品的要求非常严格，一个笔触不好，就会全部丢进垃圾桶。很多其实已经非常完美的作品，他们还是毫不眷恋地舍弃，就为了追求更完美的表现。

所以下班后，等他们都走了，我就会溜到他们绘画桌旁的垃圾桶，将淘汰的作品捡回家。对我来说，那些都是宝贝，回家可以好好研究，大师们到底怎么下笔？怎么上色？怎么演绎？直到现在，我家里还保存着很多那时候从垃圾堆里捡回来的大作。

在迪斯尼也好，好莱坞也好，每年有无数剧本都得不到拍摄机会，而已经选中的剧本，有的已经花费上千万美元的研发费用，到最后，评估起来，如果不是精彩的故事，依旧会被丢进垃圾桶。大家不会因为这样觉得可惜，好作品本来就是在一次次失败中不断进步，最后才能有最佳表现的。

《花木兰》动画快完成时，我看到里面有一场戏，是花木兰为了融入军队，学着大男人的举动，比赛吐痰！一群西方人看到这里，不免哈哈大笑，因为在他们的刻板印象中，中国人就是喜欢吐痰。

可是我看了非常不舒服，也觉得不恰当，这根本就是丑化中国人，嘲笑别人的文化。所以我当场提出来，希望修改这部分，否则电影播放后，将会得罪所有的华人。

我建议，中国人有嗑瓜子的习惯，不如将吐痰改成比赛吐瓜子皮。一来不更动故事原意，一样好玩有趣；二来也不会引人反感。

做牛仔，不做牛马

当时做这样的修改，等于从头到尾每一个制作环节都要更动，动员人数有几百人，花费至少也需要几百万美元。可是迪斯尼思考过后，决定照我的建议修改，将来这部动画电影是要全球播放的，不只关系到票房，也会影响迪斯尼长期以来建立的声誉，不能有任何差错。

这让我见识到迪斯尼勇于承认、承担错误的精神，在作品面前，时时刻刻保持谦虚以对的态度。这应该就是迪斯尼能够屹立一百多年的原因。

我在好莱坞最常听到"Go do something someone never done."去做些别人没做过的事，这就是美国牛仔精神，敢于尝试、创新，不停寻找新点子、想法，开发新道路，才会源源不绝产生创意，作品才能不断地吸引

人，美国人惯于做牛仔，而不做牛马。

参与《花木兰》拍摄时，迪斯尼的制作团队只有几张东方面孔，多数还是美国土生土长的华裔。在不了解东方文化、背景的情况下，要拍出吸引人的东方故事，确实不太容易。

光是李将军的面孔，就让大家伤透脑筋，制作团队设计了好几个版本，可是怎么看怎么不对。李将军是北方人，英俊挺拔、威武神勇、迷人帅气，大家正在琢磨，我刚好出现……咦，这说的不就是我吗？所有的人盯着我看，立刻找到了范本。我被拉着坐下，所有人开始描绘我的脸，借由李将军，我在动画电影里留下了身影。

工作环境也是激发创意的重要因素。每个迪斯尼动画师的工作台都非常大，一个团队一个房间。门几乎都是关起来的，还有非常好的隔音效果，各项设备高档到不行。

隔三差五还会有大明星出现，有次迈克·杰克逊来参观动画制作过程，个性像小孩子的他，乐翻天，好奇各种可爱的动画是怎么画出来的，还要我教他画，完全没有大明星架子，后来我们还碰面好几次，谈的都是动画创作。

由于办公室就设在佛罗里达主题乐园里，所以我们可是在"梦想乐园"上班。不过一点也不有趣，因为当你变成乐园的一部分，得一边工作，一边供游客参观。办公室顶端是透明隔音防弹玻璃，我们就像鱼缸里的鱼一样，让人从头顶上参观。游客从第一个项目：编剧；第二个项目：人物设计……一个环节一个环节了解动画制作过程。我刚进去工作，还是个小菜鸟，都被挤到大家不想待的地方，就是一抬头就会跟游客四目相接的办公室正中央。

迪斯尼动画工作很尊重个人风格展现，把动画师当明星般款待，我们几乎都是穿着短裤、夹脚拖鞋去上班，工作累了，还会有按摩师到办公室来，到桌边帮你按摩，每个人轮流按摩十五分钟，是非常人性化的工作环境。不像有的工作场所，都是一个个灰白方格，感觉很像机器人，在不开心的环境下工作，就不会快乐，怎么能创作出有生命、愉快而阳光的作品？

田纳西插曲

《狮子王》制作接近尾声，因为薪资关系，我跟迪斯尼主管有些争执，年轻气盛之下，我离开迪斯尼，跟七个大学好友搬到田纳西，共同成立绘画工作室，我们单纯地认为，可以靠着卖油画以及接些插画工作度日。

毕竟我们七个人在艺术大学都是顶尖的学生，尤其是我，进入迪斯尼没几年，已经坐上迪斯尼动画师的第二把交椅，我天真地觉得，自己已经是号人物。

却没想到，拿掉迪斯尼这个头衔，我什么都不是。

我在田纳西的日子过得很浪漫，白天打猎、晚上捉牛蛙。一边生活一边怀抱着对艺术的梦想工作。本来就是半个野人的我，几乎玩疯了！我住在教会森林宿舍，旁边就有好几百亩大森林。每天肚子饿了，我就拿着猎枪，走进森林猎鹿、鳄鱼，甚至乌龟。美国人打猎回来，一般将猎物交给专业的人处理，可是我这个台湾来的野小子，杀鹿、拔毛，样样自己来，因为我小时候常常看外婆杀鸡，知道该怎么处理，美国人吓呆了，说我比"红脖子"还"红脖子"，意思就是白人牛仔。

我们还自己种菜，养鸡、鸭、青蛙等，走路就可以到湖畔露营，平常的交通工具就是骑马，偶尔才会开大卡车，过着古代的浪漫生活。

可是这样闲适的日子过了一阵之后，我发现自己不开心。首先是收入大幅减少，以前在迪斯尼一周的薪水就有七八百美元，在田纳西几乎一个月才有七八百美元收入，工作量却比在迪斯尼多很多。油画不如我们想象中受欢迎，卖得非常慢，平均画二十张，只有一张卖得掉，其他十九张等于白画。报纸上的插画也是，虽然有经纪人帮忙接案子，可是几乎都是不太起眼的媒体，一张插画才五十美元，得画好几百张，才有办法生活。

我猛然发现，离开迪斯尼后，我几乎变成了隐形人，没有人认识我，也不认为我有什么价值，大家只知道我是画《阿拉丁》《花木兰》《狮子王》的人，我用心画的山水画，都没有人要。离开了"米老鼠"的庇护，我好像没穿衣服的超人一样，所有神力都不见了。

好奇怪，同样都是我跟我的创作，为什么没有迪斯尼光环，我就没有价值？以前在好莱坞，只要在《狮子王》的画上签个名，至少就可以卖五百美元。现在我花两三个星期画的油画，却连两百美元都卖不了。

九个月后，我决定离开田纳西，再度返回好莱坞的动画电影世界。

爱情恐慌症

一回归就碰上动画电影高峰期，皮克斯、梦工厂接连出现，许多电影公司包括华纳等，也决定着手拍摄动画电影。从这个时候开始，动画不再等于迪斯尼。一下子蜂拥的动画需求，面临找不到动画师的窘境，在过去，几乎只有迪斯尼在培养动画师，美国艺术学校也仅一两家培育相关人才，新设立的动画公司纷纷跑到迪斯尼挖人。

挖角行动非常夸张，当时华纳公司的人打电话给我，约我面谈，还特地从洛杉矶飞到我住的奥兰多来，直接在机场签订合约。只要是曾经在迪斯尼上班的人，不管哪个部门，一律薪水三倍起跳。我就从一周七百美元薪资，一下子暴增到一周两千多美元，才二十四岁的我，已经坐拥高薪。到华纳去，还将带领一组动画师团队。

这看起来显然是好事，我似乎也应该会为这样的"晋级"感到开心，但当时，我正为了一段混乱的感情陷入焦虑状态，那种感觉很难描述，好像脑子里的档案错乱了，完全没有办法归档管理，黑与白、上与下，完全错置，我的情绪混乱到无法处理。

认识Sherry是在教会，第一眼看到她，我就被她的美貌吸引，像是一个从《花花公子》杂志走出来的金发碧眼性感尤物。我们爱得很热烈，第六感告诉我，这段感情不太对劲，可是我像被什么迷惑一样，执意要跟她在一起。

Sherry脾气非常暴躁，一不开心，就会不停骂"三字经"，还会摔东西。她常常跟前男友约会、搞暧昧，我稍微跟女生说话，她就暴跳如雷。我不停改变自己，符合她想要的样子，我一直跟自己说："我好爱她，这些都没有关系。"所以她把东西打得东倒西歪，我就捡起来，她不停咒骂我，我要自己忍耐。

有天我跟她约好下班后到她家碰面，当时正在进行《狮子王》上映前的最后阶段，非常忙碌。我延后下班一个小时，匆匆赶到她家，门一开，烟灰缸、花盆，不停往我身上飞，她怀疑，我一定是在这一个小时内跑去跟别人约会了，才会迟到这么久。

我觉得自己受够了，不想再忍耐，当场提出分手。两天后，她打电话来，不停地哭："我不能离开你，我好爱你，有什么不好的，我愿意改，你不要离开我。"我听了很心软，又回去她身边。

没几天，她来我家，看到房间里挂满我自己创作的裸体画，非常不开心，又开始不停大骂"三字经"，然后转头开车就走。三天后她又打电话来哭诉："你真的爱我吗？你要是爱我就应该把那些裸体画拿走……"

听着她哽咽的声音，我心里非常不舍，于是撕掉所有裸体画，以为这样就可以保有爱情。我甚至决定，从今以后不再画裸体女生了。还不到两个月，我无意间看到她的电话答录机有跟其他男人来往的迹象，我实在忍无可忍，决定结束这场游戏。

决定看似容易，要实行其实非常痛苦。我觉得自己精神分裂，一个我说："不能！不能再回头找Sherry，你会很惨。"另一个我却说："我好爱她，我没有她活不下去，她是我人生里面最漂亮的宝贝。"我强逼自己结束跟Sherry的关系，在两周内要搬到洛杉矶去工作。

华纳对待我像明星一样，在好莱坞帮我准备好什么都有的高级公寓，派了专人来帮我搬家，我什么都不用带，只需要一卡皮箱，就可以展开新生活。

这样的安排看似完美，可是得快速清理家里的东西，我开了一个"车库市集"，几乎一口气卖掉所有熟悉的东西，飞到完全陌生的环境，重新开始。

没有经历慢慢打包、转移的心理重建过程，突然的生活大转变，加上感情上的切割，让我一下子没有办法承受。"啪！"一声，一大堆埋藏在记忆库的丑恶东西，全部倾泻出来，老妈、家庭、工作、爱情上的委屈，全部列队轮番打击我。

我得了恐慌症。

什么是恐慌症？突然的，我觉得心脏要爆炸了，完全喘不过气来，好

像自己卡在自己身体里逃不出来，下一分钟我就会死掉，这种恐惧，让我想结束自己的生命。可是我又得告诉自己："大伟！不可以，你要撑过去。"我坐也不对、站也不对、走也不对，什么都不对劲儿，不知道该拿自己怎么办？感到自己随时会死掉。

某天晚上九点多，我打电话给爸妈，语气严肃沉重，要他们赶快到我家来，我有重要事情说。老爸、老妈觉得奇怪，以为我发生意外，匆匆赶到，却看见完全抓狂的我。

反正我就要死了，我要把这些年想对父母说而没有说的话，全部说出来。

我说，十五岁看到邻居卖的《花花公子》杂志后，我就特别受金发尤物吸引。我一心认为这就是爱情，生长在传统的基督教信仰家庭，感情与性就像埋在衣橱深处的东西，不得启齿，他们从来没有告诉我男女之间到底怎么回事？我内心想从父母身上得到正确、成熟的指引，却因为彼此感情疏离，让我失去依靠。

小时候，我怕老妈，在青少年时怕转变成恨，到后来，干脆对老爸、老妈冷漠，保护我自己。除了功课好不好？吃饱了没？彼此根本搭不上话，几乎活在两个世界。

还有一个至今难以释怀的痛，就是我老妈造成的。

那是我升上大学第一年，整整三个星期圣诞节假期，我跟老妈说："我想回家。"可是电话那头的老妈却回我："你回来做什么？又没什么事，不用回来了，省点机票钱。"

我当时第一次离家这么远念书，终于有了假期，很想念他们，老妈却一点都没感觉，单单只是为了省钱，就不让我回家？我心想："难道你们都不想看到我吗？"

亚特兰大的冬天很冷，宿舍非常冷清，所有的人都回家过节，只剩下我一个。肚子饿了，想吃点东西，因为庆祝圣诞节，外面的店都没有开。我打开冰箱，里面空荡荡地，最后只能以白饭加奶油，当作圣诞大餐。

一个人待在宿舍里，外面飘着大雪，里面黑漆漆空无一人，我孤独地在宿舍度过三周。跨年时，我躺在床上，听着外面倒数、庆祝的声音，至

今我都没办法忘记那年圣诞节的落寞与忧郁。从那之后，有很长一段时间，只要圣诞节一到，我就会不由自主忧郁起来。长达六七年时间，我不能原谅爸妈，情感上很敏感的我，受伤很深。

因为害怕再度被父母伤害，我进入迪斯尼工作有了薪水，即使老爸、老妈家距离迪斯尼开车不到半小时，我还是坚持搬出去住，因为我的心，已经完全离开了父母。

以前我觉得"妈妈我需要你、爸爸我需要你爱我"，可是那次后，我告诉自己："刘大伟，从今天开始，你不靠妈妈，也不靠爸爸，你不要期望他们，你必须保护自己，为以后自己的路去努力，他们是靠不住的。"

这股怨气，一直持续很久，我想赦免他们，可是好难、好难。

亲子撕破脸

那个晚上，我细细诉说自己的感受，一层层剥开，说出所有秘密与感触，因为我觉得自己就要死了，再不说，以后恐怕没有机会了。

老爸跟老妈听了，开始抓狂，完全不能接受，怎么自己"做牛做马"，儿子还会恨他们，他们始终想不通，自己努力赚钱，想要供给孩子应有的一切，栽培孩子到美国念书，孩子非但不感激，还恨他们？

老妈说："你说什么圣诞节？我完全不记得！"一边老泪纵横："反正你就责怪我不是个好妈妈。"老爸说："什么伤害？我不觉得这些有什么伤害？"最后拿出《圣经》来，不停帮我祷告。

我整个人站起来，将手上的毛巾狠狠地甩在地上："你们可以听我讲话吗？我非常不快乐！"老爸、老妈看到我这副模样，认定我精神不太正常，赶紧离去。

两天后，我要搬到洛杉矶去，老爸到机场送我，一看到我的模样，整个人吓昏了。我自己拿刮胡刀剃掉头发，我觉得必须全身完全赤裸，才能呼吸。

我后来才明白，我以为的彻底告白，对老爸、老妈来说叫作撕破脸，他们习惯戴着面具跟孩子们相处，这些怨恨、愤怒，不要说出来多好，彼此坦诚，反而让大家越难相处。

带着恐慌症，我一个人到洛杉矶，住在高级明星公寓，从窗户看出去，景色宜人，有山、有水，邻居都是叫得出名号的大明星。可是，我痛苦、寂寞，心中一片黑暗。我问自己："大伟，你现在住豪宅，收入高，又年轻、强壮，别人想要的人生，你短短几年什么都拿到了，还不满意什么？"

我也不知道。我真的不知道自己为什么这么不开心，也更不知道如何才能让自己开心。

刚到洛杉矶的第三个晚上，九点钟，我一个人坐在公寓客厅，突然觉得好想念Sherry，感觉到自己这辈子没有了她，一点意义也没有，不如死掉算了。恐慌感，就这样一步步爬上来。

一时间，我好想找人说话，但在这里，我没有朋友，也害怕同事知道我的状况，会丢了工作。我像热锅上的蚂蚁，做什么都不对，洗澡，冷水

不行、热水也不行。坐下、站起，都没办法呼吸。

最后，我还是选择打电话给老爸、老妈。老妈当时已经气得不愿意听我电话，老爸接起来，我一开口便停不下来："爸，我好怕，好怕，好怕……爸，救我……我好怕……我快要死了……爸……"我失控地重复这些话，希望老爸能开口安慰我，或者只是听我诉苦。

可是老爸一个劲地说："我来帮你祷告……喔！主啊！主耶稣啊！……"我最亲密的人，在我最需要帮助时，仍旧像个机器人一样，完全没有感觉，只想到祷告。这些祷告词，从小听到大，我都会背了，还需要你现在告诉我吗？我需要的只是一只耳朵，听我说话而已。

我失望地挂上电话，感觉自己心脏跳得好快，就像要爆开来一样。我自己拨了119，请救护车过来。医护人员量了血压、问明白状况后，五分钟后，我被抬到医院挂急诊。

躺在急诊室，他们很快将我绑起来，拿药给我吃，但药才碰到嘴巴，我就直喊："救命！救命！我要呕吐！"最后，只得被注射镇静剂。我迷迷糊糊昏睡过去，感受到人生残酷又寂寞，嘴巴里反复喊着"上帝救我"，心里却感觉上帝离我好遥远。这样一直到凌晨四五点，被医院的人叫醒，给我一些药，就让我回家了。吃了药后，我暂时稳住精神状况，还是去上班。

"我的灵，你在忧愁什么？"

我当时带了十五个动画师，工作压力很大，一方面得随时留意不能发病；一方面还要赶快上手新工作，过得很辛苦。

一开始，我很担心在工作时发病，所以谨慎地按时服药。吃了几次后，发现这个药会让我神智陷入迷幻状态，无法思考，当然也没有办法画画。

两个星期后，我决定不能再吃药。我在基督教家庭长大，很自然就开始对上帝祷告，希望上帝能够拯救我，帮我从黑暗中走出来。

我全心全意依靠上帝，对我来说，那是唯一的救赎。我一天得祷告十次，平均每一个小时，就偷偷躲到厕所、停车场去祷告，怕人家看到我这副模样，会觉得我神经不太正常。

窝在停车场车子里，我大声唱圣歌、祷告，一定要唱出来，让自己确实听到，我才会安静下来。我还会把《圣经》改成写给刘大伟的话，一遍遍念给自己听，不停地跟上帝说："上帝啊！请你帮助我，只有你能帮助我了，请怜悯我这个罪人，帮助我离开可怕的黑暗。"一直讲、一直讲，现在想来，那副模样真是可怕。

有次我跟另外两个动画师去吃自助餐，我坐在车子后座，突然恐慌先生又来了！我窝在后座，躺了下来，眼神空洞，像个没有灵魂的人，嘴巴则像机器人一样，不停地念："喔！好可怕，好可怕，你们可以带我去森林吗？这里人好多，很可怕。我想去安静的地方。"

他们以为我在装模作样，没有多理会。不一会儿，我又正常了，然后过了一下子，我又开始发作，就像突然有另外一个奇怪的刘大伟冒出来一样。我不敢大声祷告，只在心里不停默念："主啊！帮助我！怜悯我，救我离开这里……"

回到家里，我跪下来，想起小时候在教会里的圣经教导。我跟上帝祷告，请它透过《圣经》帮助我。翻开《圣经》，我看到诗篇里大卫王对自己说："我的灵，你在忧愁什么？"

我想到自己，到底我在忧愁什么？二十四岁的我，已经是明星动画师，每周三千美元薪水，住豪华公寓，拥有别人羡慕的生活。我到底在忧愁什么？只不过不能跟不适合的女生在一起，这个决定还是我自己做的，刘大伟，你到底有什么理由不高兴？

大卫王的四面八方都是敌人，国内外都有很多人痛恨他，想要杀掉他，压力更大，绝望更深。可是大卫王跟自己的灵魂说："你要把你的信心、快乐专注在耶和华这个上帝里。"

这句话让我醒悟了！大卫王说得很有道理，快乐应该是超乎环境的，如果把快乐专注在环境里，那么，很容易就被环境的变化而打倒。把快乐专注在内在的灵魂与心里，这份快乐才是永恒的。

我整个人安静下来，好像打完一场心灵战役，我反复读着大卫王的故事，感觉这是特别为我刘大伟写的故事。

脑海中，浮现了在迪斯尼认识的巨星迈克·杰克逊，看似拥有一切的他，其实非常自卑，很怕人家看到他脸上的青春痘，随时都担心自己不完美。讲话时，不敢看对方的眼睛，非常害羞。可是上了台，迈克完全变成另外一个人，表演这件事，变成他的面具，只要一戴上，他就不再是那个从小被爸爸虐待，没有自我空间的人，而是闪亮的巨星，后来他没办法忍受这样的自己，不停靠药物麻醉自己，最终走上绝路。

刚开始，祷告完，我还是会吃药，因为仍然害怕、担心，不希望恐慌感再度上来，那种精神崩溃、自己跟自己打架的感觉，真的太可怕了，我不想冒险。可是吃完药后，又会怪自己，意志不坚定，信心不够。

这时候，我看到了彼得跟耶稣的故事。当时彼得跟其他门徒在船上，海上风浪很大，耶稣跟彼得说："你来。"彼得凭着信心，跳出船舱，走在水上，几步后，突然觉得不太对，便沉了下去。

这时候我才发现，信心的确是需要操练的，不是突然间，也不是一夜而来，得不停提醒自己、鼓舞自己。既然我对自己没信心，那么我就把自己交给神，我知道在某处，一定有巨大的宇宙的力量，在支撑我，看顾我。

慢慢地，在祷告跟信心的支持下，我的恐慌症逐渐痊愈。

人的苦难，上帝的开端

我一直在想，为什么我会有恐慌症？

在朋友介绍下，我去看了心理医生，医生跟我说："你严重地为别人而活。内心不停地在自我跟别人的期待间拔河，这些压力慢慢在心里积存下来，等到有一天受不了爆发了，大脑就会分泌具有毒素的荷尔蒙。"

心理医生介绍两本书给我，都是有关"为别人而活"的书，我才知道，恐慌先生不是随机挑中我的，其实我一直在召唤他。会引发恐慌症的十种原因，大约有九种我都达到了。我跟家人处不好、情人处不好、快速转换环境，在完全没有心理准备下，只是因为薪水高，突然就搬到洛杉矶，即使我一点也不喜欢大城市。

医生问我："你原来的样子不好吗？为什么要为别人而活？"还问："你妈是不是对你有很多期待，老希望你做到她想要的样子？"我觉得奇怪："医生，你跟我老妈是好朋友吗？你怎么知道？"

从小到大，老妈就不满意我的成绩，即使在外受到欺负，老妈都觉得是我的错。让我永远在考虑别人的感受，忽略掉自己，甚至别人脱我的裤子，我也不敢表现出愤怒，还说谢谢。

我不喜欢吃某些东西，我妈就会逼我吃；不喜欢弹钢琴，我妈逼我弹；不想念大学，我妈逼我念；长大后，女朋友逼我毁掉画作，我也照做。我发现很多事情，即使我心里不愿意、不喜欢，但为了讨那个人喜欢，我还是会去做。其实我不需要背别人的担子，我可以说"不"。拒绝并不是坏事，也不是对别人的不礼貌，而是让自己有自尊。

要学会保护自己，为自己画出情感的界线。不管是工作、父母、爱情、朋友都一样，将自己的界线画出来，让对方知道，我的原则就在这里喔！你不能跨过来喔！

那一刻我才认识真正的我：我不是完美小孩，不是完美男人。我得接受事实。

用这种态度接纳自己后，我开始看到自己的问题。我发现跟Sherry的爱情，其实是受到我那唯一的爱情宝典《花花公子》杂志的影响，我对女孩子的价值、标准，有了奇怪的定义，以为上床就是爱情；火辣的身材、美丽的容貌就是爱情，为了这些，我可以赔上自尊，忍受不合理的要求。

复原之后，我告诉自己，我必须对自己诚实，不要打肿脸充胖子。

决定不要如此在乎别人的看法后，我有了很大的改变。因为不在乎别人的眼光，我更有自信表达自己，口才也变好了。以前害羞、内向，是怕人家知道真实的我，可是现在，我会想，那又能怎么样呢？别人怎

么想我，很重要吗？他可以承担我人生的快乐、痛苦吗？如果不行，我为何要这么在乎？

　　不是有句话说"人的苦难，就是上帝的开端"？因为这些折磨，才让我蜕变，也因此，我找到了自己的插画创作风格，后来也才有勇气离开好莱坞，去追逐自己的梦想。

1995年，我的现场人像写生作品。

1995年，我在奥兰多的艺术咖啡馆和酒吧里进行现场人像写生，我不敢让当时的女友知道我在进行这个工作，否则她就会跟我分手。

1995年5月16日，我只带了一个包，就飞往好莱坞的华纳兄弟电影公司工作。当时情绪非常不稳，还剃光自己的头发，提醒自己要重新来过，展开新生活。

幕后SOP
——
先配音再动画笔

迪斯尼动画前制期

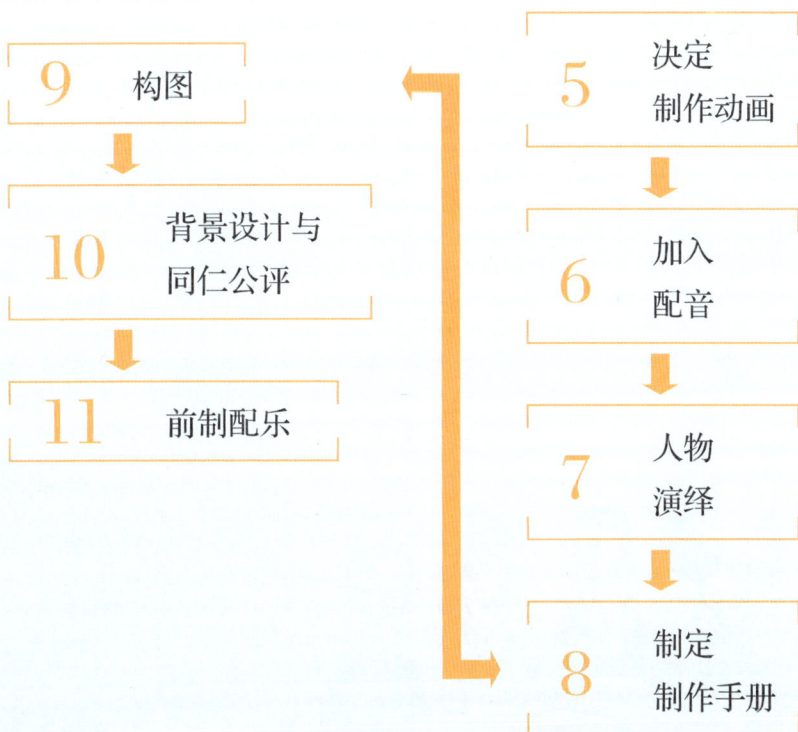

| 9 | 构图 |

↓

| 10 | 背景设计与同仁公评 |

↓

| 11 | 前制配乐 |

| 5 | 决定制作动画 |

↓

| 6 | 加入配音 |

↓

| 7 | 人物演绎 |

↓

| 8 | 制定制作手册 |

5 决定制作动画

历经两年剧本研发，一年前制期，类似漫画的分镜脚本与故事版也出炉了，导演跟几个动画师便开始简单设计人物草稿。根据剧本描述，用几个线条，稍微勾勒出辛巴的模样、舅舅的长相以及狮子王爸爸的外貌，非常初阶地画出小狮子。

这还不是完整的人物设计，只是先测试人物的风格与个性。真正的人物设计，到了下一个阶段，会由人物设计师来进行。

为了增加草稿想象力，我们会稍微测试几个主角的声音，配上概略的音效，制作成简单的故事版。

这个故事版与之前一版不同，已经加上人物与声音，主要是协助老板们评估，适不适合继续发展故事？如果要拍摄成动画，要用何等规格的制作。

在迪斯尼，动画电影摄制分为 A、B、C 三级。迪斯尼重点发展的

动画当然是 A 级，最具卖相，会花一亿美元以上的制作费，《美女与野兽》就是 A 级动画电影。

下一个等级的 B 片，是迪斯尼认定的"有发展潜力"，投资金额不如 A 片，但也有八千万美元，《阿拉丁》就属于 B 片等级。

至于最低的 C 片，是"仍有投资价值"的动画电影，也有六千万美元的制作费用。

历经三年的琢磨、修改，迪斯尼老板终于拍板决定拍摄《狮子王》，不过并非特别看好，列在 C 这个等级，但对我们制作团队来说，花了这么多心力，终于把这个剧本从垃圾桶边缘救回来，只要能继续往下发展，就有希望。

6　加入配音

敲定剧本后，接着就开始寻找配音演员。很多人以为动画都是先画好，再由配音演员看着动画人物配音，这是日本动画的做法。迪斯尼则是反过来，先配好人物声音，再着手绘制动画。

这是迪斯尼动画之所以精致的地方，角色说话的嘴形都必须搭配得上声音，所以一定要先有配音，动画师才能生动地画下嘴形。在演员配音过程中，我们会录下他讲话的嘴形，再对照配音演员的嘴形画画。

寻找配音演员大约需要三个月到六个月，制作团队与导演，也已经花

了将近一年多时间，对设计、厘清每个动物角色的个性、表情，也具有一定的共识，甚至大家脑海里都会浮现出狮子王爸爸大概就是谁的长相来，所以都是按照特定形象挑选配音演员。

以狮子王爸爸为例，不光是这个角色的灵魂，就连眼神神态，是胖是瘦，毛色如何雄伟，我们都已经有初步雏形。配音就得跟这样的形象配合，嗓音必须浑厚，听起来有分量感，说话节奏沉稳固定，让人有王者风范之感。

坏舅舅讲话同样有分量，但舅舅是小狮子的亲戚，所以声音要温馨，同时具有邪恶感，不像狮子王爸爸那么纯粹、直接，要带着不停试探别人的氛围。

这个角色比较复杂，所以花了一番工夫寻找配音演员。我们从以前的

电影中寻找，将几个可能的演员声音抓下来，搭配在故事版上，看看能不能与角色契合。

曾经演出《烈火情人》的知名演员杰若米·艾朗声音丰富多变，成了辛巴舅舅的最终人选，他演技杰出，光是站在配音室配音，就能投入角色情绪，表情、演技都是一流，因为他的配音演出，我们在绘制舅舅时有了很大灵感，使这个阴沉多变的角色有了更丰富的表情呈现。

主角辛巴从小狮子慢慢蜕变成狮子王，所以声音也得随着成长而有变化。我们找了二十位以上的小朋友尝试配音，由声音起步，来更加确定辛巴这个角色的个性特质。小辛巴的配音员声音带点鼻音，稚嫩调皮，他的名气不是主要考量，他的特质吻合角色性格最重要。

决定好配音演员，就请每个配音员针对所扮演的角色，进行声音调整与说话方式训练。每个角色讲话的音调、节奏都不能重复，各自显现出各自的特色，融入角色情绪。

这跟正式拍摄电影雷同，配音时，导演会在一旁指导，仔细聆听演员的声音表现，要掌握角色的情绪起伏。像狮子王爸爸死的时候，声音就必须表现出失望、沮丧，导演会一再要求配音员精准透过声音演绎情绪，必须做到让人即使闭上眼睛，都可以透过声音，融入剧情。所以配音演员得重复讲一句台词非常多次，用各种方式测试最好的演绎层次。

也因此，配音演员在配音时，完全投入角色，五官、身体、手势都会跟着比画起来，跟真正演戏一样，我们动画师就趁机观察他们的神态，甚至录下这些神态，作为绘制角色时的参考。

配音扮演了角色表情演绎的重要功能，观众仔细观察就会发现，很多动画角色，长得就是配音演员的模样。这样声音与角色才能完美融合，搭配动画，才能富有灵魂。

7 人物演绎

完成配音，我们才真正着手进行人物设计。这个部分通常由三人到五人团队负责，主角、配角各有专人设计，情绪、动作与个性、表情的融合，都由动画师一一绘制出来，大概要花一整年时间，才能完成所有人物设计。

制作《狮子王》时，人物设计与演绎很困难，所有角色都是动物，他们的神态必须拟人化，又不能太过夸张，才能让观众自然接受这种结合，而不显得突兀，这就严格考验动画师的创意与观察力了。

很多人类会有的表情，动物并没有，你能想象狮子失落、大笑、若有所思的各种神态吗？动画师必须观察真人表情，再尝试将这个表情套用在狮子脸上。

这也就是人物设计之前，得先请配音演员配音的原因。当配音演员投入角色，会自然演绎出情绪，可以帮助动画师将演员的五官特色、情绪表情安置在动物角色中。

因此虽然鸟还是鸟、狮子还是狮子、野狗还是野狗，观众就是可以在野狗的脸上找到乌比·戈德堡，因为她的嘴唇又厚又大，是她五官里最具特色的地方，只要将嘴唇放在野狗脸上，自然就会有"这只野狗长得很像乌比·戈德堡"的感觉出来。鸟也是一样，配音演员罗温·艾金森的眉毛特别厚、鼻子很大，我们将他配音的黄嘴犀鸟加上厚厚的眉毛，特别凸显脖子、嘴巴，看起来就像个大鼻子。

　　我们将配音员讲话时的五官、神态都拍下来，让动画师看到演员讲话时的五官各种变化。动画师必须要仔细研究，鸟生气的时候会不会挑眉？狗说话，嘴唇摆动的幅度是如何？动画师得一遍遍重复观看配音演员说话的各种模样，甚至连嘴形的 A、E、I、O、U 的变化，都得仔细观察。细致到这个程度，才能画出演员的生命。

　　参考人的表情，进而套用在动物身上，才能让观众感觉到这只狮子不是人变的，而是狮子本身自然而然具有人性，迪斯尼要求一定要达到这个境界，才能让观众投入角色情绪，也才会被这个故事感动。

　　对真人的观察，主要体现在表情演绎上，而实际上动物的各种动作表现，还是得真正通过仔细观察动物得来。

　　绘制《狮子王》期间，动画师办公室楼下都会摆放不同动物以供观察，有一阵子，天天有狮子被圈在楼下走来走去，我们就去研究狮子的各种动态，边看边绘制狮子不同举动的各种版本，有时一看就是一整天。

　　除了真实的狮子外，常常还需要看《动物奇观》这些录影带，来补足缺少的动态部分。比如说狮子打架，一般不会发生在动物园的狮子身上，只发生在非洲大草原，在狮子交配前夕，公狮子会打架搏斗，看谁能成为狮子王。

《狮子王》故事里好几个重要场景都有狮子打架的画面，动画师反复研究狮子怎么打架？四条腿是用什么方式出拳？肌肉线条又如何跟着出拳拉扯变化？爪子怎么伸出来的？光是一个简单的挥拳动作，我们就会观察上百次，才能真正模拟出狮子出拳的样子，画出来才有真实的临场感。动画不是截取一个画面就好，得连续针对不同场景进行构图设计。

为了绘制小狮子辛巴在奔跑中成长的画面，我们特别去找《动物奇观》录影带中狮子奔跑的段落，单单一秒钟我们就录了一两百个不同的狮子奔跑的模样，来回不停观看。观察狮子奔跑时的动作与重量如何移动变化，狮子的头怎么下去的？如何甩动？脚伸出去的幅度如何？爪子怎么样往前钩再往后走？狮子跑起来，鬃毛怎样飘动？动画师得仔细研究这些细节，重新消化再演绎，绝对不是直接照抄真实狮子的动态方式，要搭配故事里设定的狮子的性格、情绪。这是很不容易的艺术表现，光是一只狮子，投入的研究精力与时间就非常惊人。

幸好迪斯尼在动画上已经有近一百年的历史，长久以来主要的诉求对象就是小朋友，几乎每部动画都有动物角色，为了解决每次绘制动物拟人过程中，遇到的类似困难，迪斯尼早就将解决方案的经验留存下来，制作成一本《动画绘制天书》手册。

《动画绘制天书》可说是迪斯尼的无价之宝，就放置在迪斯尼图书馆的无尘室中，过去所有动画，包括小木偶、白雪公主的制作手册都存放在里面。这本手册清楚描述了许多动物，包括猫、狗、老虎等的绘制过程，我们平常不能随便翻阅这本书，只有在绘制阶段有需要的动画师才能提出申请，约好图书馆管理员，同时会有几个人陪同动画师一起翻阅，翻阅过程中还得戴上白手套，以免污损了这本《天书》。

这本书保存太多实用的动画电影秘密，我在迪斯尼工作时，非常喜欢翻阅这本《天书》，所有迪斯尼动画精华尽在其中，都是以往保留下来的手工画作，非常精致美丽，每份草图、每条线条，都是无价之宝，可惜现在电脑化后，已经没有这种手工草图了。

前文提过，动物拟人化过与不及都不能生动表达角色的情境，在绘制《狮子王》中大量的动物时，我们频频遇到困难，后来在《动画绘制天书》中看到许多细腻的解决方案，其中有关动物拟人化最自然的指导原则就是："观察利用动物原本的肢体动作。"

于是小辛巴爸爸过世时，为了表达小狮子的落寞感，我们回头翻找《动物奇观》录影带，发现在饥荒期有狮子饿死片段，活着的狮子会用头去顶死亡同伴的尸体，看看同伴有无反应。其中有只小狮子低着头，看着就是非常难过的模样，绕着同伴尸体几圈，走到母狮子身旁，卧下后整个蜷缩起来。

这一幕让我们大受感动，这比原先所想利用下雨等老套情境的表达更高明，也解决了不知该如何表达小狮子脸部表情的大问题。

狮子面对的情境、动态解决之后，接下来就进入每只狮子的人物形象设计上。这里有三种必须兼顾的层次的挑战：真正狮子的原始模样、表现狮子不同的情绪、融合狮子的人物性格。

同样先从辛巴舅舅这个突出的人物开始。舅舅的个性阴森、深沉，这

样的形象通常不会有太大动作，因为做每个动作之前，他都会仔细思考、琢磨，所以不管什么状态，放在舅舅身上，就得缩小动作幅度。为了凸显舅舅的阴险感，在设计他的眼神时，我们特别将圆圆的眼睛画成偏向三角形，棱角的眼神会让人有恐怖感，而眼睛内的色彩，则会随着他的不同想法变化，有时发出红光，有时还会出现恐怖绿光。

我们最后很巧妙地将蛇的特征放进舅舅的形象里，因为蛇在人的印象中就是阴险、狡猾，动起来"唏唏唏"地滑动。所以舅舅走路缓慢、灵巧，有时候，舅舅突然出现人的模样，脚变成手，会用爪子把辛巴钩过来靠近讲话。这是故意将不协调的变化感放在他身上，一来让观众有不同惊喜；二来暗示舅舅潜藏不同的多变性格。

为了暗示舅舅的阴森性格，我们还会特别设计他老是躲在阴影里，即使背景充满阳光，舅舅还是习惯窝在阴暗之处，让观众一看到舅舅，老觉得这只狮子不太对劲。

这些细腻的细节暗示，都意在诱导观众的潜意识，一旦舅舅完全显露出坏人本性，就不会让观众觉得突兀。同时让观众比剧中人提早嗅到不对劲儿的蛛丝马迹，等到答案揭晓时，观众就会有"我就知道"的成就感或焦急感，在观看电影过程中产生参与感。

另外像辛巴这个角色是从小到大的转变，设计上比较复杂，得考虑成长的改变，又要顾及角色一致性。小时候的辛巴好奇心很重，喜欢到处探索，一心想要成为跟爸爸一样伟大勇猛的狮子，可是力量与能力都还不足，只能活在爸爸的保护下。

　　这样性格的辛巴，设定上跟很多青少年一样，所以也会有比较叛逆的表现。然后再从叛逆中学到教训，变得成熟。

　　我们回到狮子最经典的奔跑动作去思考，发现奔跑的举动，最能快速、简单地将辛巴的成长过程带过去。于是我们设计辛巴不同时期的奔跑方式，小时候的辛巴，肚子圆圆胖胖，重量都在肚子上，所以跑的时候是整个肚子往前晃动，脚再跟着肚子的力量摆动。

　　长大的辛巴则不同了，胸部的肌肉已经锻炼出来，圆圆的肚子也不见了，这时候的奔跑就非常震撼，四只脚跑起来节奏非常明快，整个胸肌像男人一样随着脚步飞快移动，往前晃动。

　　为了让观众在短短几个镜头中，不需要太多语言解释，就能快速理解人物的个性与特质，动画师群体就这样花了长达一年的时间，完整设计人物细节，如此一来，后面的诠释才能顺畅进行。

⑧ 制定制作手册

　　人物设计小组完成设计后，就会与电影风格、颜色、故事版结合，列出一本详尽的制作手册。

　　因为迪斯尼的动画制作团队非常庞大，总计一千五百名工作人员参与《狮子王》制作，所以必须有严格的规范准则，告诉这一千五百个人该怎么着手绘制，以确保大家画出来的风格、形象都统一。

这个手册光针对一个人物的绘制描述就有二十页，会详细列出这个人物吃东西、跑步等各种不同神态的模样，同时还会有喜、怒、哀、乐等不同表情神态的标准。《狮子王》的主要角色共有十个，所以单是人物介绍，就有两百多页，再加上其他颜色、风格的配置，这本手册厚度相当惊人。

一千五百名工作人员每个人手上都有这一本工作手册。拿到手册后，我们会先让每个参与的动画师试画，依照手册指引，将每个角色的五官、表情，各种喜怒哀乐变化，尝试画在好几张纸上，对照确定大家的风格都能够统一后，确保这本手册的指示够清楚、实用，才会进行到下一阶段。

9　构图

动画电影跟一般电影不同，拍摄之前完全都是空白的，每个场景都得从无到有，靠着动画师一笔一笔画出来，可说是完全的创作过程。

人物完整后，接下来就是每个景的安排，故事版只决定了颜色配置，到了这里，我们得画出每个景的构图，决定人物进入电影画面时怎么走位，镜头从哪里取景，光线怎么打，阴影往哪里跑，都得在这里一一决定。

在进入细部的场景安排前，我们会先订出若干准则，作为整部电影的游戏规则，这样观众在无形中就会逐渐跟着电影的规则走。比如说，狮子追寻梦想时，一定向左边走；遭遇危难，一定向右边走。所以观众看电影的时候，无形中就会适应这种方向暗示，看到人物往左边走，就会觉得未来有希望；往右边走，就会不自觉感到紧张。

《狮子王》影片中，狮子王爸爸在天上出现跟辛巴说话，狮子王爸爸的影像一定在左边，辛巴就会放在右边，这样辛巴的方向就是往左边走。这样观众潜意识中接收到的是一个具有未来发展、充满希望的场景，观众会开始对下一场抱持期待。

辛巴被牛群追逐，牛群就放在画面左边，朝向右边追辛巴的位子，辛巴则是由左往右跑，这样的状态出现几次，无形中就暗示观众，这是有危险的状态。影片背后的电影构图理论，就是希望借由一致性的构图安排，牵引观众的情绪。

⑩ 背景设计与同仁公评

确定基本构图规则之后，就得针对每一场背景进行设计。动画里的背景就是演员的舞台，所以背景绝对不能太强烈、丰富，否则就会抢去主角的光彩，但也不能单调无聊。

《狮子王》的背景设计不容易，因为故事设定在景色变化不多的非洲沙漠，全赖动画师发挥创意。我们夸张化狮子住的地方，用一块很大的石头来表现，同时王位的部分则是一块突出的三角形石头，凸显这个位子的重

要性。

每个景确定之后，就得考量怎么把人物放进这个景里，也就是所谓的"出场"。每个人物的出场我们都思考再三，要在什么样的情境下将这个人物介绍出来，才能让观众对人物的地位、性格、背景一目了然。

狮子王爸爸的出场，我们几乎尝试了上百种风格，有在大草原奔跑、坐在王位上的，或者狩猎的，思考再思考，最后决定在他出场时，搭配上音乐，强化狮子王爸爸的地位。

这个音乐要能够一直延续爸爸的出场，接连带着小狮子辛巴出现。一开始狮子王爸爸从王位上看下去，有很多动物服从的画面，慢慢切换到带着小辛巴在草原上打猎，顺理成章，辛巴也随着出场了。这样就符合了"KISS"简单、笨的原则，在三分钟内，非常快速地介绍完狮子王跟小儿子的故事背景。

本来我们想用同样出场音乐的方式处理，让舅舅在打猎的过程中首度出现，可是这样就会形成三个主要角色重叠，会淡化舅舅的重要性。同样我们尝试了近百种方法，最后让舅舅的出场接在欢欣的几幕画面后，突然有一幕阴森森的场景出现，这样比较能让观众感受舅舅即将扮演的角色。

每个场次的绘制、设计与选择都是漫长而艰辛的。对于重要的场景，我们会一再利用故事版，尝试画很多不同版本，最后挑出三四样觉得最好的设计，再交给一千五百位工作人员共同投票，选出最好的一种。

在制作过程中，每个星期二、星期三的下午一点半，我们会把所有动画作品的制作进展放在公司大楼的电影院里，重复播放五次。迪斯尼所有人都可以过来看，有什么意见可以随时跟导演反映，或者写E-mail给导演或部门主管，大家都可以自由表达意见。

我认为迪斯尼工作精神最精华的地方，就在此处，每个人认定自己是团队的一分子，希望作品更好，所以不会介意别人给出更好的意见，而提出意见者也不认为自己把点子贡献出去只是成就他人，或者担心给错建议。在迪斯尼，作品被否定是很正常的，毕竟每十个完成的剧本，真正能拍摄成动画电影的只有两部，高达八成的否定率，让大家视拒绝为家常便饭。

《狮子王》制作后期，来了几位台湾动画师，迪斯尼要我带他们，跟他们相处后，我发现他们不善于分享，担心自己的意见不被接纳，也害怕别人比自己强，所以不太敢表达看法。

可是迪斯尼非常注重团队精神，我们都希望别人比我们强，这样才会一直有更好的点子加进来，作品才会越来越好。

这也是因为动画电影是整个制作团队的作品，不是某个人的成就，迪斯尼才会尽量用开放的方式，采纳各方意见，这在电影制作过程的很多阶段都会体现，尤其是构图阶段。在这个阶段，已经可以看出电影的雏形，如果能及时修改，就能减少将来绘制完成后修改的费用。

一切工作进行到这里，已经是第三年了，都还在"研究"，尚未真正进行拍摄，也就是说，截至目前，我们所有工作成果，观众都看不到，即使已经画了上千甚至上万张图，都还只是草稿阶段。

刚进入迪斯尼工作，我一直觉得很不可思议，花了这么多时间、金钱还有人力，却还一直在研究，做些银幕上看不到的东西。往后我才慢慢了

解到，这些过程对一部成功的动画电影而言有多重要，前面的工夫花得越深，后面的失败就能减到最低。迪斯尼非得要确定所有细节都已完备，才会进入真正的拍摄阶段。

11 前制配乐

要给动画注入真实的生命，是在第三年之后，也就是最后一年的动画电影拍摄期。一部动画电影都得花费这么长的时间研究、努力，何况是一个人的人生发展？我后来发现，自己的成长过程就是少了这样的"研发阶段"。老爸、老妈不假思索地就将我丢进升学念书的压力中，却没有花费时间好好"研究"我这个人，究竟有什么样的天分与才华？适合以什么样的方式教养？才会让我这样一个注定画画的人，莫名其妙痛苦地学了十年钢琴，也差点淹没在学校的课业、考试里。

如果说，我的贵人就是能协助或辨识我真正内涵的凯斯老师，那么让《狮子王》从C片变A片的"大贵人"，就是艾尔顿·强的音乐。

设计出颜色、人物，我们便开始设想如何注入音乐。这个程序和很多电影制作将配乐摆在最后不同，我们在前制作时期，就开始设想音乐的搭配。在动画电影中，音乐可以牵动绘制动画的灵感，让动画师设计出更多精彩画面。

《狮子王》就是很好的例子，我们请来英国知名音乐创作人艾尔顿·强为《狮子王》制作配乐。才看到颜色跟基本人物设计，艾尔顿·强就开始写歌，歌曲一出，我们竟跟着灵感泉涌，强化了动画师对《狮子王》的感情，画出来的画更加精密、有生命感。

可以说，艾尔顿·强的音乐将《狮子王》以及所有制作团队的质感，都往上拉高了一层。迪斯尼老板弗兰克·威尔斯听了歌后，更是大受感动，影响他用不同眼光评估《狮子王》，他认为有艾尔顿·强的音乐加持,《狮子王》一定会大受欢迎，于是将拍摄层级从C片拉高到A层级。

拍摄资金加码到一亿美元后，原本的制作团队也扩大了，更多更好的艺术家加入工作，本来不是那么精彩的《狮子王》，因为受到重视，也变得越来越有意思。

1990 Interns
Front: Vincent LaCava, Joe Pepe, Max Howard, Frank Gladstone, Barry Kooser, Travis Blaise & Tamara Lusher
Back: Tony Cipriano, Phil Noto, Davy Liu, Jame Parris & Samantha Lair

1990年6月，实习三个月后，我正式成为迪斯尼的动画师。这是我们在佛罗里达的迪斯尼动画工作室前的合影

1990年，我成为迪斯尼动画的艺术总监，负责版面配置，当时我们的部门只有三个人，我们在闲暇时，会下西洋棋放松一下。这是我们在制作《美女与野兽》时的合影。

1991年，我正在进行《阿拉丁》
的动画制作。

1990年，我在迪斯尼实习结束时，提出的动画制作提案，跟其他人只绘制动画不同，我
自己设计了故事的风格走向，还加入七张背景设计，完整呈现整个动画故事。

1991年，迪斯尼位于美国奥兰多
的《美女与野兽》制作团队。

· 第四幕 ·

好莱坞星光灿烂

走出困扰的恐慌症，我才真正享受好莱坞的生活，那真是充满星光、派对，生活在电影里的梦幻体验。

我上班的地方就在好莱坞影城，到处都是非常大型的摄影棚。当时正在拍电影《芝加哥》，真的盖起芝加哥般的摄影棚，大到可以放好几台波音客机。一转弯，就来到纽约，自由女神、帝国大厦，应有尽有。再下一个转角，就到了意大利。

随时都有明星正在拍戏，这边看到《急诊室的春天》剧组，那边是《六人行》珍妮佛·安妮斯顿在卖咖啡。再走下去，超人跟蝙蝠侠正在拯救世界。我生活在充满丰富视觉刺激的环境里。

没拍戏时，这些场景，还真的变成员工消费的地方，《六人行》的中央公园咖啡馆，真的可以走进去买咖啡。西部牛仔酒吧，真的有在卖酒，非常有意思。

有时候，中午出去吃饭，回来的时候会发现整条街封起来，明明是大太阳，前面却有暴风雨。蝙蝠侠那台超神奇的车子"轰轰"地发动，从前面冲过去。

到了晚上，这些摄影棚变成派对场所，称之为"Crash Party"，只要有好莱坞员工证，可以随便进去吃喝玩乐，我们可以进去《六人行》的公寓办派对，也可以到蝙蝠侠的豪宅跳舞。很多漂亮女生都想进来体验，所以拥有好莱坞员工证，非常神气，可以约到许多美女。

随时都会有明星跟你擦肩而过。我有健身习惯，所以经常在健身房遇到大明星。在我旁边跑步的就是阿诺·施瓦辛格，他一次可以拉十几次单

杠，大气都不会喘一下。克林·伊斯威特也是健身房常客，我常常跟他一起跑步。麦当娜则有专属健身教练，帮她锻炼身体各部位的肌肉。

　　经历华纳，我再度被挖角进入乔治·鲁卡斯的《星际大战》团队，进行场景设计。我非常兴奋，这可是所有电影艺术家的梦想，可以发挥很多创造、幻想。

　　除了设计，我们还常常被找去当背景演员，透过电脑，不停复制，非常有趣，所以仔细看《星际大战》，可能会发现有两三百个我站在后面。这样说来，我可也是上过好莱坞大片的人呢！

　　一边工作，另一边我开始思考自己的未来。我始终没有放弃插画工作，

想要找到自己的风格。田纳西的那一年，我一张插画才卖五十美元，后来慢慢地，可以卖到两三百美元，偶尔还可以登上一级杂志。

这样还是不够。很多报社、杂志找我，是因为用不起大牌插画家，他们拿大牌插画家的作品给我，要我临摹他们的风格，画出插画来。复制几次别人的风格后，我告诉自己，要做就必须做到最好，一直临摹，充其量只是"画匠"而不是"画家"。

我不停锤炼自己的插画风格，不停地思考，连睡觉都在想。尝试各种媒介，包括报纸、叶子、布、玻璃等，所有日常生活上可以找到的素材，我都拿来尝试。我想要仿照中国剪纸艺术，加上希腊的设计方式，以及毕加索抽象画的感觉，融合起来。用水彩、笔跟剪贴，慢慢处理，最后放弃水彩，全部用刀子割，经常整个手指头都是伤痕，满手是血。

获全美最独特插画奖

接到插画邀稿时，有几次，我顺利争取用自己风格的插画，大约每三张，只有一张会被录用，但我不放弃，迪斯尼的训练教会我，被拒绝是很正常的事，因为害怕拒绝，或者遭受拒绝而放弃，就绝对不会有成功的机会。

1996年，恐慌症痊愈后，我突然发现，自己有了确定的画风。大约因为了解自我缺点在哪里，反而更清楚定位，具有自信。我看看自己的插画，觉得已经准备好了，于是预备了二三十个样品，印好放在大信封袋内，附上简单的自我介绍，寄给美国十家最大的插画经纪公司。

三个星期后，最大的一家经纪公司回信了，我把这封信反复读了无数遍，开心得不得了。经过四五年摸索，在插画上，我可以勇敢当刘大伟了。

之后我白天在动画公司上班，晚上回家接插画案子，对每个机会都全力以赴，继续尝试、摸索更多更新的表现手法。虽然几乎没有休息时间，可是能够每天与自己的创作在一起，还有什么比这个更加幸福？

进入2000年，经纪人将我的一幅插画送去参加比赛，顺利得到"全美最独特插画奖"，那可是插画界的奥斯卡奖。我自己都觉得不可思议，经纪人告诉我，旗下这么多插画家，他们觉得我的风格特别酷！

这一年，我才三十一岁。

成为全美国最受瞩目的插画新星，《时代》杂志指名要我的插画，巴尔的摩市市长直接打电话给我，请我帮巴尔的摩绘制插画。

几年前，我一幅插画收取五十美元，专门临摹别人的作品，谁能想到，现在我一幅插画，动辄可卖三千美元到五千美元不等。我要求自己，不能一直做熟悉、轻松的事情，得不停推翻原本的刘大伟，革新我自己。

革新何处寻？我把创意应用在生活里，而创意也是来自生活。

有天我整天都站在街角，专看人们怎么走路。先是看到一个老太太过马路，她全身珠光宝气，身边还跟着佣人，看起来就是个富婆。老太太头抬得高高，屁股稍微翘起来，真是一副有钱人的模样；有人推着轮椅慢慢滑过去；有人头先往前伸，屁股再跟上；有人屁股左右甩；还有人像蜗牛一样慢慢地走。

观察、观察、再观察

看完走路的样子后，我还会研究人的五官，每个人过马路的表情都不一样，非常有趣，一看我就看傻了眼，就这样待在街角一整天。

这些表演完全免费！一天下来，我大概在脑海里记录了五十种不同走法，每个人都有不同的走路风格。大部分人把这些细节看得理所当然，对我来说却是视觉的搜集，在脑海里记下这些神态，将来都是很好的创作素材。一个画家随时保持灵感的方法，就是永远在搜寻素材，我对视觉的感受很强烈，都是用眼睛拍照的方式，来记忆这个世界。

大自然也是好老师，我很喜欢观察动物，也爱看树上那些奇怪的昆虫在搞什么东西。就跟我小时候研究蛆一样，即使到现在，那样的好奇心，我都没有停止，这是我最幸运的地方，让我一直保有学习空间。

我常常去潜水，海底真是灵感宝库，好像去外太空一样，海底非常安静，生物缓慢移动，可以用心去感受这个世界的美。尤其是晚上，不同的海底生物会出现，用手电筒一照，大海里最深最黑暗的地方，突然现出光明，

有些生物就会突然蹦出来，都是些平常看不到的种类，根本就是《动物奇观》真实版。

直到现在，我还是喜欢养各种动物，它们的眼神传达出情绪，也会哭，也会笑。我在迪斯尼的办公室就随时养着动物，不是热带鱼就是蛇、青蛙，画得眼睛累了，我就去观察它们，看着看着，又会有灵感出来，再回去画画。

因为喜欢观察别人忽略之处，旅行时，大家喜欢看观光景点，我偏偏爱逛怪地方。到法国，大家看巴黎铁塔，我跑到农村看看人家的生活模样，对我来说，这才是最具有当地文化内涵的地方。农村里充满故事，我爱看那里的人怎么穿，怎么挤牛奶，早餐吃些什么，对我来说到处都是灵感。

尤其是文化古迹，充满历史刻痕，一看就很深刻。我会看到一个城墙的砖块就看傻了，心里面浮出一堆画面，开始想象辛苦的工人，可能还是铐着铁链的罪犯，怎么慢慢搬动砖块，砌上去；几年后，炸弹轰炸过这里，逃难的人群踩过它，还有人痛苦地在砖块上爬。我就坐在那里想象，这个砖块很快让我的心里充满灵感跟故事。

光是观察还不够，常常我还得创造一些笑点，让我的生活故事丰富起来。保持一点恶作剧调皮的心态，这也是我的优势。

不管走到哪里，我的口袋里都有一支激光红点笔，演讲时常常用上，但也不光是在演讲时用。我常常坐飞机、常常在机场排队。我将红点到处晃，看看身边的小朋友怎么反应，每个小孩的反应都不一样，有人看到就想踩；有人以为眼花了，不停揉眼睛；还有人拉着爸妈要找射出红点的人。

有一次，一个小女孩对红点的反应非常激烈，红点一靠近她就跑，我就让红点一直跟着她，她跑遍了整个大厅，红点还是不放过她，她干脆大哭起来。还有一个小男生，看到红点就想打，我把红点射在他妈妈屁股上，小男孩就往妈妈的屁股上用力打下去……

我的太太看我这样玩，常觉得我精神不正常。但因为这个红点，我的脑海中存了好多小孩子好奇、可爱、惧怕、生气的模样，将来要画到小孩子的表情，素材都有了。

我随身携带的还有龅牙。有次我带了美国团队到中国画画，绕到市场去买些纪念品，摊贩看我一表人才，不像本地人，开价一百人民币。我转头离开，再将龅牙装上去，戴上老花眼镜，戴个旧旧的蓝色帽子，绕回去用当地口音问："这多少钱？"摊贩说："两元！"

有了那次经验，我发现龅牙超好用，到处戴。在台湾我也试了一次，我戴了龅牙，跑到槟榔摊问卖槟榔的阿嬷："你这个槟榔吃了会不会对牙齿不好？"边说还边将大龅牙露出来。我试了好几摊，每个人的反应都不一样，他们看到龅牙的刹那表情，实在太有趣了。我完全带着调皮的心态去测试别人，得到的回应对我来说非常有价值。

调侃迪斯尼CEO

在好莱坞，万圣节是非常重要、有趣的节日。我们会举办"最佳装扮"比赛，大奖是夏威夷五天四夜游，好莱坞又是特效、道具大师云集的地方，可想而知，万圣节的装扮大赛有多精彩。

我也不想错过这个机会。在万圣节前两个月，我就开始构思，到底要怎样装扮才能格外受欢迎？当时好莱坞传闻，迪斯尼有两位大董事，一个矮冬瓜、一个大龅牙戴眼镜的高个儿，长相非常有特色，有次为争夺职位，两人在办公室打起来。那个场景光用想的都觉得好笑。

我突发奇想，想到中国民俗表演里的"老背少"，就是一个人扮演两个人，透过道具来演绎。我每天下班，就赶回家做道具，整整花了两个月设计、制作，在万圣节当天，因为道具太大，还请朋友帮忙搬去好莱坞。

那个下午，我们在好莱坞一个很大的摄影棚里比赛，现场共有八百个华纳员工参与。我一出场，大家看到两个夸张、漫画式的迪斯尼老板的脸，

都笑翻了，我一人分饰两角，演出打架戏码，用我自己的手踢自己的下半身，爆笑到不行。

比赛结束，我果真赢得最大奖，可以免费去夏威夷玩五天，这个演出，后来变成好莱坞的新闻。很多人把录影画面传上网，成为当年最热门的好莱坞话题。

很多人写信给我："刘大伟，这个一定要到迪斯尼演一次！"

隔年，我回到迪斯尼工作，又是万圣节装扮比赛，我想到这个道具，半夜躺在床上，自己一个人笑个不停。不知道哪根筋不对，我决定到迪斯尼CEO面前表演一次，让当事人看看。就算老板翻脸，我也觉得很爽！

装扮比赛在大草原上举行，有几千名员工参与，我又如法炮制演了一遍。我一出场，大家都笑翻了，掌声如雷，还登上当地报纸。隔天，迪斯尼的CEO特别写信给我："等我生日，希望你到办公室来，演给我看。"

那个被取笑的老板，后来还特别到我的办公室，恭喜我得到万圣节大奖，他说："我想见见模仿我的人是谁。"现在想起来，我的脸皮真是厚到不行啊！

第三年万圣节，我进入《星际大战》的工作团队，又想要在这里耍耍看，主要是想测试大家的反应。当年的奖品是两万美元的电脑，比赛规则很特别，没有裁判，就是现场五六千人一同观赏，谁的演出获得最多、最大声的欢呼，就得到大奖。

《星际大战》的道具、化妆组都是世界一流的，他们将外星人做得惟妙惟肖，可是那年我这个动画师，却靠着这个讽刺剧，再度拿下冠军，成为好莱坞历史上最成功的万圣节装扮，至今，好莱坞工作人员仍念念不忘，连乔治·鲁卡斯也哈哈大笑。

　　幽默感是西方人很重要的特质，迪斯尼的大老板弗兰克·威尔斯对我的讽刺并不介意，也许，这也是西方动画特别不同于东方的原因。所以，他们有《阿甘正传》，可以调侃很多人和事物，在娱乐事业，甚至生活中，幽默感是帮助严肃事物走进人心的催化剂。

1995年，我在华纳兄弟与《怪物奇兵》的制作团队合影。

1997年，每到周末，我会摆设摊位，打扮成奇怪的样子，去贩卖我的插画作品。

迪斯尼老板打斗的"老背少"，在1996年华纳兄弟的万圣节派对上，我赢得最佳装扮奖；1998年，也让我得到迪斯尼万圣节派对的第一名，以及1999年乔治·卢卡斯制作团队万圣节派对第一名。

1997年，我在迪斯尼工作时的《亚特兰蒂斯》动画视觉呈现作品。

1997年，结束了在华纳兄弟的工作后，我再度回到迪斯尼团队，担任《亚特兰蒂斯》动画的分镜设计师。当时我加入了纽约的经纪公司，他们帮我接到了重要媒体的插画工作。

1998年，我为《星际大战》最新小说绘制的封面插画。

2000年，我成为年度最佳插画家，这是登上《美国橱窗》封面的插画作品。

2000年的插画作品：日与月。

2001年的插画作品：母性。这是用纤维、碎布、回收杂志、铅笔跟油墨等综合媒介创作出来的。这幅作品的灵感来自当时风行的装饰艺术跟中国剪纸。原作已经卖给迪斯尼执行长收藏。

1997年，《时代》杂志刊登的我的插画作品：时间在流逝。

2001年，为斯坦福大学出版的文章《宿舍室友也可能是谋杀你的人！》所绘制的插画作品。我的挑战是，如何让这个黑暗的议题，用有趣、阳光的方式呈现在读者面前。

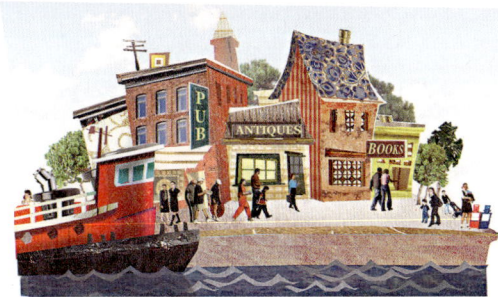

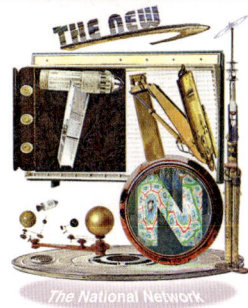

2005年，我在Nordstrom Mall的个展跟客座讲座会场上。

幕后SOP——动画师上场

迪斯尼动画拍摄期

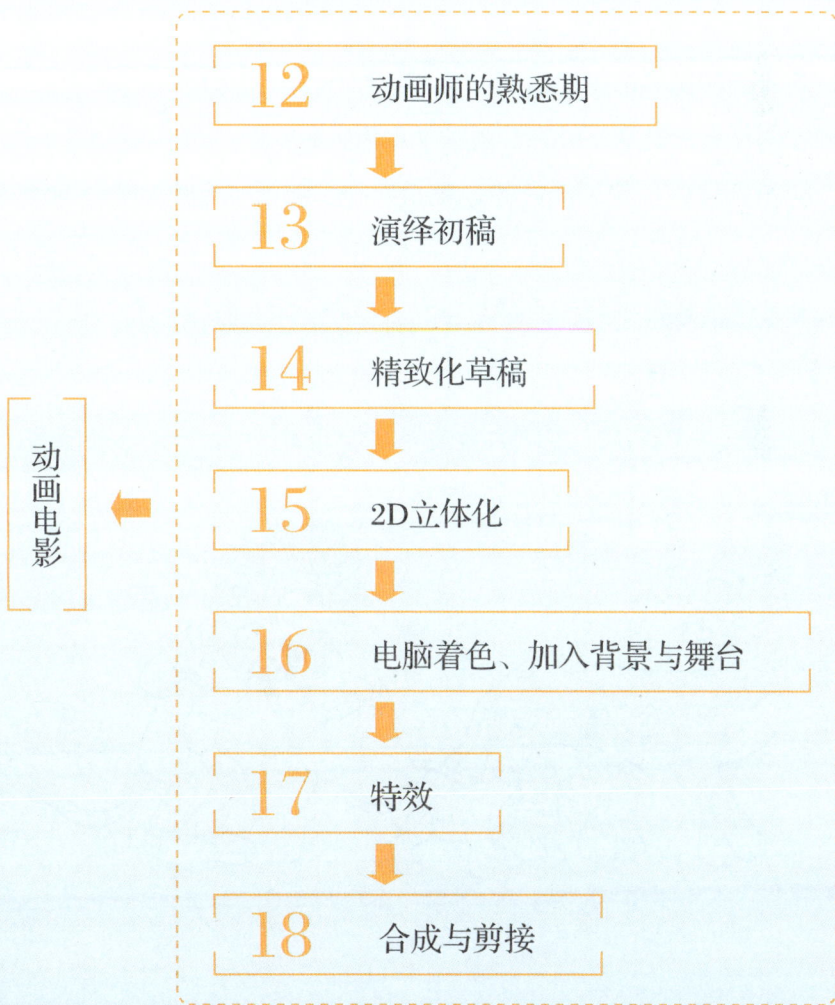

动画电影 ←	**12**	动画师的熟悉期
	13	演绎初稿
	14	精致化草稿
	15	2D立体化
	16	电脑着色、加入背景与舞台
	17	特效
	18	合成与剪接

12　动画师的熟悉期

　　经过三年的前制作期，电影终于开拍。这时候动画电影中最重要的"演员"动画师就要登场了！

　　一般电影是由演员演出角色，动画电影则是透过动画师，把角色画在纸上。所以动画电影的演员就是动画师的眼跟手，动画师透过观察、思考，再经由手创作出人物来，借由绘画赋予角色生命。

　　我们绘制《狮子王》的时候还未电脑化，狮子的每个动作、面部表情到毛发飘动，都要依赖动画师一笔一笔刻画出来，整个工作细致到不行。动画师要非常清楚狮子的各种面部表情、手势，才能做出完美演绎。

　　为了达到这等境界，动画师在电影开拍前六个月开始熟悉狮子，每天的工作就是看狮子，放在一楼的狮子、《动物奇观》的狮子、人物设计出来的狮子……每天观察狮子的各种神态，细微到狮子的眼睛怎么眨？眼球转动的方式，奔跑时每根毛发怎么飘动？脚伸出去其他肌肉又是如何接连被牵动等。

　　动画师必须把这些小细节深深刻画在脑海里，实际绘制时，才能将狮子的各种神态转化成一张张具有生命力的图画。

　　动画中每个角色都有四名动画师负责绘制，要让这四个人混合成一个人演出，创作出来的作品才会一致，培养团队默契非常重要。画辛巴的四个人天天都在一起互动，吃饭在一起、工作在一起，一天二十四小时，只有睡觉时间各自回家，剩余时间全混在一块儿，才能让四个不同想法的人，拥有一致的思考方式。

　　为了加深记忆，这四人小组还会学着演出狮子的眼神、手势、动作，内化成自己的一部分，到最后根本就是狮子王上身，无形中每个画狮子的动画师讲话的样子、走路的神态，都感觉像狮子。在画狮子那段时间，动画师看起来就像只披着人皮的狮子。

　　从某种程度来说，这跟演员演出电影时得投入角色，变成演出角色中那个人是一样的道理。

⑬ 演绎初稿

变身成狮子，我们就进入正式的演出创作。不过完美的动画演出不是一次到位，必须分阶段慢慢往上堆叠。

最开始演绎的初稿，只有简单的线条素描，勾勒出人物形态，所以我们会看到一张张各种不同样态的素描稿。

为了精准传达狮子的神态，负责初稿的动画师桌边随时都会有小狮子模型，模型四肢可以转动，目的就是能够随时观察、模拟狮子的各种动态。

初稿看似简单，却是动画里的精华，因为要利用几个线条生动表达狮子的神态，需要深厚的绘画功力。迪斯尼雇用的动画师一定得具备扎实的素描基础，如果基本功不够，就无法运用铅笔线条简单却翔实地勾勒出角色样态。

也因此，负责这个阶段的动画师都是迪斯尼内顶尖的高手。

⑭ 精致化草稿

每一秒钟动画需要十二张概略的初稿，我们会从这里筛选出最好的六张，重新绘制成干净的线条精致的草稿。

这六张草稿再往下传，由下一个阶段的动画师绘制成一秒二十四张的图片，让画面流畅地动起来。这是经过精密计算后的结果，根据统计，眼睛可以看到最快的动作就是一秒二十四个，超过这个数量，再多也没有用，少于这个数字，就会感觉动作有些停顿，不够顺畅自然。

迪斯尼早期的电影像《白雪公主》，一秒也是二十四张，虽然画面仍然非常精致，但就没有后来的《狮子王》自然的流动感。

这个精致化的阶段就是让初稿的每个动作更加细致，透过快速播放，我们已经可以看到狮子动了起来。

Gabe

The Giant Leaf

KENDU FILMS

Kendu Films 2013 Copy Right, California

15 2D立体化

创作《狮子王》当时还没有3D电影，最多就是2D的立体空间。当每秒的动作一一完成后，我们就要一一检视，将每个动作加入立体的想象与设计中。

比如说，狮子奔跑的时候，毛会顺着风吹的方向往前、往后飘动，我们拿很大的电风扇去吹放在一楼的狮子的毛，将毛发飘动的模样录下来，回去不停地慢动作重播，仔细研究每根毛发飘动的模样。

然后再将这些动态毛发加入精致化的草稿中，如此一来，每个动作的细节就再堆叠上去，层次、动态与立体感又往上提升了一阶。

16　电脑着色、加入背景与舞台

演员的部分处理好了，接下来就是背景与表演舞台的部分。

在前面的故事版与分镜阶段，我们已经决定好每个场景的颜色配置，以及每个场景的构图，所以这时候要依照前面的制作手册，为每个分镜画面进行完整的舞台设计。将原本简单的背景线条勾勒，详细绘制出来，就像画精致的风景画一般。

我们将背景一张张着色后，再经由导演看过、同意，这些背景画才会进到摄影棚里面，变成一个版面。由导演决定每个版会有几个镜头，每个镜头又将停留几秒。

比如说，这个沙漠的景，小狮子辛巴会在一点零三秒的时候从左边入镜，十三秒后，跑到下一个版去，辛巴转过头来，眼睛里面含有泪水。

每个动作、表情什么时候发生，什么时候结束？又是在哪里动作，都得在这里一一决定。

同时这里也要决定镜头的角度，辛巴跑进来了，摄影机要由上往下拍，跑出去就得从后面往前带。我们甚至会在画面旁将摄影机画出来，去确定拍摄的角度。导演在这里就像是故事版的艺术家，在绘制好的版上取景，设想由哪个角度拍摄，会让画面更有力量。

确定好这些背景元素，我们就将前面已经制作好的人物输入电脑，与背景融合，让人物开始在背景里根据原先规划好的镜头角度产生动作。

这就等于让演员走进设定好的景里面演戏。

17 特效

演员与背景融合、拍摄完成后，就进入特效阶段，火光、闪电、打雷、下雨，一阵风沙刮过来，这些都是特效部门要处理的工作。

还有最重要的影子。

动画师绘制人物，只专注在人物的演绎、表演，还没有加入光线的安排。不过在故事版阶段，已经决定了光线投射的角度，所以人物搭配进来后，就得随着光源画上影子的变化。影子不是全黑的，也有亮的影子跟暗影，人物动作时，影子也会跟着变化。

音效的部分也会在这里处理，总共有六七个人专门负责各式各样的音效，比如说闪电打雷的声音，狮子吃东西的声音，奔跑的声音等。有时我们会特别录制自然的声音，有些则是利用特别道具制造出音效。垃圾桶、鼓、扫把，甚至洗衣板，各式各样奇怪的东西都可以在特效室里面看到，都是制造各式各样声音的道具。

像《狮子王》里面的狮吼，因为太逼真，很多人以为是真的狮子吼声，其实是配音员对着垃圾桶吼，利用垃圾桶的回音，逼真模仿了狮子吼声。

18　合成与剪接

合成阶段就是将所有背景、特效、动画，在电脑中合成起来，一千五百人经过四年耗尽心血的艺术创造，就在这个时候结合了。

这个阶段同时会进行最后修改、确认。每个镜头合成后，我们会一场场讨论，针对不完美的部分进行修改，修改的幅度会细到镜头的角度、背景树木叶片的晃动方式等。这些修改看似微小，却影响整部片子的品质。进入这个阶段，每修改一个镜头，就得花至少一百万美金的费用，因为动一小部分就得联结所有部门，从头到尾把所有拍摄流程再跑一遍，迪斯尼

梦中的巨叶

对此不会手软，愿意针对不完美的地方，一步步确实、修改、确认。

每个镜头合成、确认没有问题之后，就会进入最后的剪接阶段。一般动画电影播出时间约七十分钟，实际上我们会制作出大约一百分钟以上的长度，让导演最后有修剪、调动的空间。

这个阶段差不多要花上两个月，剪接结束后，整部电影就算是完成了，《狮子王》这个正式片名，也在这个时候出炉。

两周内，《狮子王》影片拷贝了四千份到五千份，就等着在全美国正式上映了。

· 第五幕 ·

勤劳蚁

经历过千般琢磨，《狮子王》终于开始绽放它的光芒；经过全美最独特风格插画奖的加持，《时代》《生活》《商业周刊》《运动月刊》……几乎在街角报摊看得到的杂志，都有我的作品。我的工作满档，光是插画工作都接不完，我离开卢卡斯的团队，自己成立了工作室。

几年之间，名气倍增，收入攀高，我得到一座又一座的奖，闪闪发亮地摆满家里，比原先计划要花十年时间琢磨还来得早。只是田纳西的阴影仍然隐隐作祟，一旦没有名片、没有知名的伙伴光芒，刘大伟的价值还存在吗？

1999年圣诞节前夕，我在超市买了一包饼干，因为太甜，我咬了一口后，将整包饼干丢进垃圾桶。隔天早上起来，一条条的蚂蚁"高速公路"，沿着垃圾桶盖了起来，蚂蚁多到把整包饼干密实地包了起来。

这实在太有趣了，我蹲下来，仔细观看这些蚂蚁一条条辛苦搬运饼干的过程，心里突然想："蚂蚁怎么知道这里有饼干？"唉，应该是昨天半夜，有只勤劳的蚂蚁，辛苦了好久，终于找到这包饼干。对蚂蚁王国来说，这包饼干简直是新大陆，所以更多蚂蚁在这只勤劳蚁的带领下，出动搬运。

堪称蚂蚁王国第一名的勤劳蚁，其人生有这样的成就，死后会有人帮它盖金字塔，到了圣诞节大家会为它写几首老歌，它的功绩，在蚂蚁界一定可以被写入历史课本里。

可是，在我看来，这根本没有什么啊！我跟勤劳蚁说："蚂蚁先生，恭喜你，不过你别骄傲，这包饼干是我不要的垃圾，在我家厨房里，还有更赞、更丰盛的食物喔。"

勤劳蚁回我："不可能，这包饼干大我几百、几万倍，已经是我所见过最丰盛的东西了。"

看着勤劳蚁如此肯定，我摇头叹气，差点笑出来："厨房里有个冰箱，不只有饼干，还有牛排、鸡排、三明治、冰淇淋，什么好吃的都有。都是你这辈子见都没见过，也没听过的美食呢！"

是玻璃珠？还是钻石？

我不停地描述各种丰盛的食物，勤劳蚁先生一点都听不懂，它不以为然地说："我才不信有什么冰箱，我人生最有成就的，就是这大包饼干。你看！这么多蚂蚁都在我的发现下，跟随我来到这里。"

真的不盖你！各位正在称赞我的努力有成果的读者们，就在那一瞬间，我看到自己，在上帝眼里就是那小小的勤劳蚁！

我一心追求的奥斯卡奖，在上帝眼中，应该跟勤劳蚁看中的饼干一个模样，其实微不足道。还有许多我想象不到的丰盛，在我看不到的地方，但不管上帝如何描绘，我就是不能理解，我的智慧如同勤劳蚁，只看得到眼前的饼干。

每日匆匆忙忙，我在好莱坞做这么多事，到底为什么？往回头想，我还是没有逃出爸妈的阴影，老妈当我大石头、玻璃珠，我就要用头衔和奖项证明自己是闪亮亮的钻石？

我在老妈肚子里已经死掉，又活过来；溺在海里本来已经死掉，又活过来；陷入恐慌症，本来已经死掉，三度活了过来。

上帝留我这条命，就为了追求这冰冷的奖座？三度劫后重生，我的人生是个特别的礼物，我应该让自己的生命变成更多人的祝福，用生命帮助更多生命，我想到希腊籍的美术老师，她改变了我的人生，这比得奥斯卡更有意义。

一旦开始思考，就停不下来：如果我继续在迪斯尼上班，晚上加班以及退休金，我这一路画下去，直到六十多岁退休，应该可以有一千万美元，让我安心活到七八十岁，过完一生。

　　我真要拿剩下的二十年、三十年，去换这一千万美元吗？追求金钱就是我人生下半场的目标吗？我仔仔细细想着，时间真能用金钱买？我原本就有动念，离开迪斯尼后，想做不同的东西，想要画画、旅游、说很多心里的故事给别人听。

　　我的心底冒出声音："那你干吗不现在去？What's holding your back?"我说："我会怕……"离开这里，明天会怎样？在迪斯尼，我肯定一周会有三千美元收入，突然没有钱进账，我会恐慌，没有钱吃饭，也静不下来画画。

　　刚刚勤劳蚁不就是这样，只看到眼前这包饼干，不肯追求更好的远景吗？老天不会让我饿肚子的，如果我真实跟随我的心……

创业路迢迢

　　人生下半场，三十年换一千万美元，跟实现一个梦想，我该选择哪个？我的声音告诉我，人生的目的，超乎有没有饭吃，身为一个画家，我追求的，不是成名，或者死后画像放在博物馆里供人瞻仰。我想要的，是有人因为我的画受到感动，在生命低潮、彷徨时，能给予力量，让他获得祝福。那么，这个画才是无价的。

　　一只勤劳蚁，让我发现努力追求虚荣外表的假象。

　　要离开迪斯尼很不容易，我挣扎了六年，一旦离开，可能又成Nobody。可是，当我换个心态，把一切当作追求自己的天命时，就会充满使命感，

像凯斯老师常对我讲的："Davy, you can do it!"

我成立了Kendu动画公司。

决定创业的过程，非常寂寞，梦想的道路，的确孤单。身旁亲近的人，对待我的梦想都很残忍，不愿意认同。老爸、老妈觉得我是疯子，放着高薪的迪斯尼工作不做，实在太愚蠢。一度经济上撑不下去时，他们也不愿支持我。

我卖掉原有房子筹得四万美元，拿来投资我的梦想，着手进行Kendu的第一部动画创作。

"9·11"打击美国，恐慌先生也回头再找上我。

2001年9月11日，两架飞机炸进双子星大楼，也炸进每个美国人心里，那之后的几个周末，全美教会大爆满，参加礼拜的人潮，不停从教会门口涌出来。

事件发生时，我人在蒙古画画写生，看到新闻报道，一开始还不太相信，回到美国后，"9·11"的威力，开始慢慢侵蚀我的生活。

美国经济一下子跌落谷底，我的插画工作突然少了很多，原本的明星身价也跟着垮掉，跌到谷底。没有插画工作、油画又卖不出去。第一任太太离开我，维生的工作慢慢没了，我开始感受到，人的品格会因为恐怖感，一瞬间垮台。

我的堕落就从这里开始。

我埋怨上帝对我太残忍，当初我呼应他的感召，才决定走向天命道路，可是上帝好像不支持我，一直给我残忍打击。

　　白天忙碌地在电脑上画画，晚上我流连色情网站，在网络上找到跟我一样寂寞的人，一起弥补人生的失落感。可是我没有因此平衡，内心还充满污秽的罪恶感。我感觉上帝真的离开了我。

　　我听到心里的声音说："你选择这种事情，我不能跟你同住，你要天天放纵自己，就是背离了神。"

　　恐慌的警报器响起，我猛然惊醒，我开始承认我需要帮助，我是个充满罪恶的人，非常痛苦，我需要有人可以帮助我，远离这些罪恶。

　　我发现，当我勇敢承认自己不OK的时候，其实就开始OK了。

　　唯有认真看待自己的不OK，OK才会来，也才有复健、疗愈的开始。

　　我听到自己内心的声音说："刘大伟，玩够了吗？你觉得高兴吗？要回家了吗？"

　　我再度跪下，回答自己："谢谢恐慌先生修理我，我明白一切都只是暂时的试炼。"

　　当我愿意忏悔，《圣经》又开始对我讲话，我看到《马太福音》里的故事：有一个人看了一块地，想要买下来，身边

的人非常反对，因为那是无法耕种的荒地，一点都不值钱。可是这人却非常坚持要买下来，他开心地回家卖光所有财产，买了这块地，因为只有他看到地底下的黄金。

这个买地的人就是我，我看到未来的梦想，有如闪闪发亮的财宝，可以影响很多人，造就很多人的幸福。上帝要我把拥有的财产卖掉，好去买那块地，我却很生气，觉得上帝拿走我的一切，对我很残忍。

突然间，我懂了，付出与收获，追求梦想的成本以及坚持，这些都是事前的代价，离开好莱坞之后，我以为应该一帆风顺，结果不如预期，我不停埋怨，居然如此脆弱、不堪一击。我放声大哭，喊着："我愿意回家，我想要回家。"

那是离婚后的第三年，我第一次这样大声哭。

七年绘本工程

离开好莱坞后，我其实到处碰壁，我拿着剧本找投资商，被拒绝了十几次。大家只想要我画《狮子王》。你知道迪斯尼老板华德·迪斯尼的故事吗？身为记者，他被报社评为"最缺乏创意"的员工，换了家报社，一

样被开除，一连被否定好几次。华德决定要画动画，刚开始也没人理睬他，他兜售动画时，甚至被羞辱、欺负，终于有人肯买了，却开了很低的价钱。华德终于创作出米老鼠，他知道这个东西很有价值，坚持借钱也要将米老鼠的动画做出来，造就了之后的迪斯尼动画王国。

《哈利·波特》这本书也是被出版商拒绝了三十几次，才终于成功出版，缔造销售传奇的。

Kendu三年的碰撞、低潮，像一把无形铁锤，不停地捶打我，把我内在的障碍抛光，我才懂得转个弯。既然还没有资源拍成动画电影，我可以先做绘本，用更精致的方式呈现我想说的故事，吸引投资者。

我的第一个绘本叫《梦中的巨叶》，故事源自《圣经》故事《诺亚的方舟》，诺亚凭着对上帝的信心建方舟，也不知道会有多少动物来，只是傻傻地建造着，即使没有看到一滴雨水，诺亚还是拥有信心，努力地建可以容纳各种动物的方舟，以防范洪水。绘本里的主角因为在梦中见到巨大的叶片，因而走上追寻旅途，最后才见到真实的方舟。

这个故事在我脑中盘旋很久，故事里有各式各样的动物，这样的故事可以跨越藩篱，创造出新卖点。我不断思考，如果把诺亚换成动物呢？用纯动物的眼光与角色来说故事，会不会产生更有趣的效果？

有天我在家里打扫，一打开吸尘器，家里的猫吓得躲了起来，我想帮它吸些毛球，它死也不肯出来。在它的世界里，吸尘器应该是可怕的怪兽，它不躲开就会被整个吸走。

这跟诺亚方舟很像，一开始动物看到庞大的船停在陆地上，应该会充

满恐惧。我将方舟改成妖怪，一连改了七八次，想揣摩出动物第一眼看到方舟的真实感受。

我花了两年时间完成剧本，过程中不停修改，还自己制作问卷，分给身边两三百个人，有迪斯尼与教会的朋友、老师、大学生等。我列出十个不同问题，大致绘出方舟的形状、风格，让大家看看这样的故事有没有吸引力。

结果有五十个人对结局感到困惑，于是，我将原本进到方舟前就看到巨叶的主角小狐狸改掉。开始琢磨，一定要让主角看到梦中的巨叶吗？如果要，那是一开始就看到？中间看到？或者最后才看到呢？

我推敲了好久，往回想，寻找巨叶是这个小狐狸的梦想，梦想有不同的历程，追寻的过程中会有不同的回馈。但不管怎样，只要踏上旅程，就已经在梦想中了，身在其中的人，可能不知道自己的梦想有多巨大，但是渐渐地会发觉，那一步步踏过来的足迹，都是梦想的堆砌。所以巨叶应该是在过程中出现。

刚开始进行得很顺利，华纳一看到剧本，就将版权买下来，可是，梦工厂正在进行《埃及王子》的故事，同样源自《圣经》。华纳考量，同时期两个圣经故事的动画，可能会造成观众混淆，所以延宕了下来。

两年后，版权期一到，华纳仍旧没有拍摄的意思，我便将版权收回，Kendu动画公司只有我一个人，根本做不到拍摄的工作。发愁了半天，我决定把剧本写成小说，再弄成绘本出版。总计，光是《梦中的巨叶》故事，两年写剧本、两年写小说、再花三年绘成绘本。

七年时间过去了，我的动画电影，还在路上。

坎坷婚姻路

使命之路曲折辛苦，我的婚姻路也不遑多让。第一段失败的婚姻让我花了四年时间不停地思索，最后找到自己的盲点，才得以跨越困难，迎来

真正的幸福。

我的第一任妻子是菲律宾华侨，身材高挑、貌美，虽然不是金发碧眼，但也符合我对美女的要求，所以交往几个月后，她提出结婚要求，我马上答应。

我靠着荷尔蒙跟身体做下人生重大决定，即使身边好朋友全都say no！当时充满对爱情、婚姻的浪漫幻想，我们飞到夏威夷举行盛大婚礼，所有亲友为了庆贺我们，也齐聚在夏威夷。沙滩、阳光，众亲友祝福，如此梦幻而不真实，我以为可以一直活在这样的浪漫想象中。

决定离开迪斯尼，太太不能谅解，她希望我有份安稳的工作，我则告诉她我对人生的领悟，她想要我有丰厚的收入，我一心追求天命论。

我仍旧埋首插画工作，一边构思撰写我想要做的动画剧本，经济上虽然不比以前宽裕，但也还有余，只是这样的生活，并不能给我的太太安全感。

两人的歧异还凸显在许多生活层面上。渴望家庭、喜爱小孩的我，一心想要有孩子，能在家里吃到热乎乎的晚餐，享受一家人的感觉。可是年纪还轻的她，却不想要有小孩羁绊，柴米油盐的生活也不快乐，甚至，她拒绝跟我发生亲密关系。

这些歧异明摆在眼前，我不愿意正视，用着鸵鸟心态，坚持自己当初的选择，要退让、容忍，我以为不停妥协，就是通往幸福婚姻的道路。

一直到我打算到中国大陆旅行，她拒绝一同前往，我只好一个人出发。在大陆的两个星期，我真的好开心，看到了壮阔的长城、如诗画般的江南，对我这个画画的人来说，开了眼界，等于把创作的心胸又更打开了一些。

我很兴奋，每天打电话给太太，跟她分享旅途种种，太太却说："你不用每天打来，也没什么重要事情啊！"她的回应冷淡，我隐约觉得不太对劲。

从中国回美，太太平静地跟我说："你不在这几天，我一个人过得很开心，想做什么就做什么，完全没有压力，也没有人管我。我可能不适合结婚。"

她还告诉我，她觉得性关系是肮脏、污秽的，她非常不喜欢。过去跟我亲密，都是在假装。这个打击非常大，我认为我付出很多，她不想工作天天在家看日剧，我也一直包容、忍让，难道我这样做还不算是个好男人吗？

我拒绝离婚，直到她说："那么，还有几个月我就可以拿到绿卡了，我们能不能说好，到时候再离婚？"

我心灰意冷，原来她跟我结婚要的只是绿卡，我决定立即离婚。消息传到老爸、老妈耳里，传统基督徒的他们，完全不能接受："基督教家庭，没有离婚这件事！"

我看着老爸，无奈地问他："可是，老爸，我们结婚一年半，都没有性关系耶……"

老爸整个人跳起来，拍桌子："怎么会这样？我跟你娘，结婚四十几年了，都还有！"一旁老妈面红耳赤，半句话也说不出来。

严肃传统的老妈，在这种场合中，让我老爸给泄了底。其实我心里很开心，那一刻虽然只有短短的一下子，我们亲子终于也有坦诚的时刻。至少我可以确定自己是爹娘亲生的。

离婚对我打击很大，《圣经》教导"爱是恒久忍耐、包容、恩慈。"结果还是失败。

我一层层面对心境。一开始内心充满被欺骗的愤怒，前妻对我根本没有真心，她利用了我。愤怒发泄过后，下一个问题是：为什么我会被没有真心的人吸引？当初为了跟她结婚，我甚至跟反对的好朋友拒绝往来，我到底在想什么？

我会因为女生穿凉鞋，发现她的脚不漂亮等这些奇怪理由，跟对方分手，却在美丽的女性劈腿、辱骂、冷淡我的时候，选择忍耐。

我爱的只是美丽的外表，这就是我的爱情观。慢慢地，我发现我不够了解自己，所以我不知道要找什么样的对象，也不晓得怎样的人适合我？长得漂亮这件事，怎么会是找对象的首要条件？人的外表随着年龄变化，是变动、不可靠的东西，唯有人心与本质才能确保一段感情不会变质。

温柔的顺服

爱情不是单行道，必须彼此付出与珍惜，这个答案，我想了四年才终于明白，没有情感联结的勉强关系，人生只会更寂寞。

　　决定再次结婚，连生活习惯的差异，我都考虑进去。在文化上华人还是比较契合，我还希望彼此能够有共同信仰，信仰占我生活中很大一部分，彼此不能没交集。

　　一旦想通，有了这样的醒悟，我当然就希望可以在教会找到另一半。我直接跟牧师表明："我想要找到伴侣，可是我对自己的眼光没自信，以前都用不成熟的眼光看别人，现在我想放下过去，抱持开放的心态。"

　　不久，牧师跟师母邀请我跟Joan到他们家吃饭。过去像Joan这样的女生，完全不是我的对象，她太瘦、太文静，可是我知道以前自己不成熟，所以我愿意搁下原先想法，试试看不同的可能。

　　几个月后，我回到台湾跟可能的投资者洽谈，那次旅程，生意没谈成，却让我下定决心一定要娶Joan。

　　我在台湾每天打电话给在美国的她，跟她说明商谈经过，我们聊了很多，包括我离开好莱坞四年，穷得只剩下一个梦想。

　　我跟她说："我也想成家立业，可是我觉得自己对不起你，没有太多东西可以给你。"

　　电话那头，Joan说："我看的不是你有多少钱，不是你的才华，而是你的心，以及梦想。我相信你可以给我幸福。"我记得我躺在床上，哗！一声痛哭出来，这是第一次有人这样无条件地对待我。

　　从小到大，我的爱都是对价关系，要付出什么，才能得到什么，就算是爸妈，也一直不停提醒我，要乖、要功课好、要弹琴，才会爱我，就连上帝，老妈也常说："你不乖，上帝就不会爱你。"

　　可是这个女孩子，却愿意在我什么都没有的情况下爱我、相信我。尤其她自己也经历过一段失败的婚姻，受过很大伤害，还能毫无畏惧地接纳我，敞开她的心相信我。

　　这份相信，对我好重要。

　　英文有句话说："Don't find someone you can live with; find someone you can't live without." Joan就是我生命中不可或缺的人。

她精致善良的心这么美丽，是我见过最动人的美，已经超乎外表了。我知道自己不完美，可是上帝依然把这么完美的妻子送到我身边来。她让我看到上帝的爱，不会因为我现在的条件嫌弃我，也不会因为我不会赚钱而觉得没有安全感，反而愿意相信我，跟随我的梦想，看到我心里描绘的未来。

别让爱搁浅

很顺利，我们结婚了，这次没有铺张豪华，我们选择在船上结婚，几个亲戚好友前来，小小的、温馨的婚礼，见证我们的爱情。

婚后，当然有争吵，可是我看到她，愿意去顺服、跟从。对我来说，是一种肯定与安全感，让我知道，她相信我会做最好的先生，也会做她女儿最好的爸爸。她用温柔顺服了我，让我感到非常荣幸。

我经常想到过去的自己，提醒自己不要再犯同样的错误，尤其是两个人在一起，要接纳彼此的不完美。千万不要因为面子搁不下来，而让所有的一切一并搁浅下来。

一个人愿意把他的立场放下来，是因为要去爱对方。就算我吵赢了，气势上赢了我太太，可是，这算是爱吗？爱应该是把自己放下，而不是在那里讲三天三夜只为了证明自己是对的，因为这样，只不过证明你不爱她。不管事情对错如何，这样跟对方吵架，已经错过头了。

我们彼此用心去感受对方的爱，才知道真正的爱不是煮菜、牵手、

做爱，而是爱对方的灵魂。当你看对方的内在是美的，那么她就会越来越美。就像Joan相信我是个好丈夫，我就要自己更好，不要让她失望。

爱不应该是让环境、价值观来贴标签，你漂亮就标个价，有才华，价值再上涨一些，好像股票一样，跟着外在局势，随时上下涨跌。爱是恒久的，灵魂与真心，这些才是永不改变的人的本质。

家里曾发生的事情，也让我不停地思考，怎么一同生活了好几十年彼此相爱的一家人，最后会变成连陌生人都不如？大家都不能敞开心扉谈话，更无法提供彼此感情上的支持？

我的老爸、老妈还一直活在物质匮乏的时代，所以他们的想法就是要尽量供给小孩物质上的需求，才会把时间都花在工作、赚钱上面。老妈常说："没有我们这样赚钱，也不可能送你们到美国去。"

当然我很感激后来到美国念书，才会发掘我是画画的刘大伟。可是在美国这些年，情感上无人慰藉，心里经常被空虚填满，老爸、老妈却不知道。他们给我们的，最后都只剩下金钱与物质。

　　小孩是需要陪伴、需要情感慰藉的，家人的感情得这样一点一滴建立起来。我的家庭疗愈之路还很长，我好希望，再也不会有像我这样跟家人疏离的小孩出现，只要父母不要忘记，亲情的陪伴与支持，比任何昂贵的玩具、才艺课程、零用钱，都来得重要。

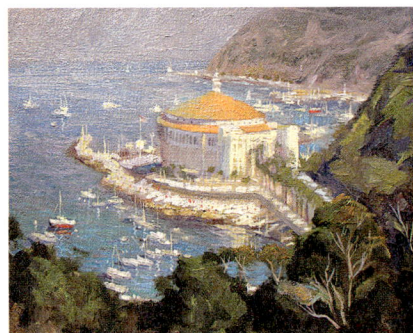

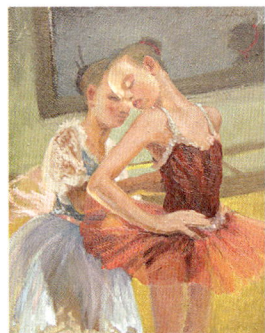

2006年，我的太太常常是我画里的模特儿，她常常跟着我到处看展览，既是头号粉丝，更是我灵感的泉源。有时候我的梦想冲得太远、太高，她会适时拉住我，我就像一只风筝，她是拉住我的那条线。能拥有这样一个好朋友每天相伴，是我人生最大的幸福。

2005年，我的蜜月旅行，我们在欧洲待了二十一天，租了一辆车在意大利到处游览，参观了巴黎的几个博物馆，还看了美丽的法国乡间，以及西班牙的地中海风光。

PEOPLE MAKING A DIFFERENCE

Animator brings story of faith to life

Disney veteran Davy Liu tells the tale of Noah's Ark from the beasts' view in 'The Giant Leaf.'

BY CHRISTA WOODALL
THE ORANGE COUNTY REGISTER

Davy Liu has put his spirituality in print with "The Giant Leaf," a children's book that recounts the biblical tale of Noah's Ark from the perspective of the animals Noah gathered in pairs.

We spoke with Liu about his book and the faith behind it.

Q: Tell me about "The Giant Leaf."
A: When I was working at Disney animation, I had written it as an animation script. My childhood passion was telling stories from the perspective of animals. In the Bible, it says that the animals come to Noah. How did these animals know (to go to him)? I always wanted to take a look at that creatively.

After (animating) "The Lion King," I moved to Orange County and set aside time to pursue this as a children's book.

"The Giant Leaf" is an organic revelation of God's love for all the animals. They see the visual revelation of a giant leaf floating on the ocean and know that one day they will be inside.

The main characters are a fox, monkey and koala ... All three get together, and they have a wonderful journey to find out what the leaf is about. They are challenged by "animal eaters" – they saw other animals going pair by pair inside the animal eater's mouth and have to make a decision to take their own personal risk.

The storm and rain kicks up and overwhelms them, so they take a giant leap of faith to go inside ... They found out that inside is a refuge for the animals ... When the water receded, the first animal to jump down saw that the leaf was a silhouette of Noah's Ark.

Q: When did you start illustrating?
A: When I come to America when I was 13 years old, I couldn't speak a word in English, so I had art classes and English classes. When I was in eighth grade, I won a top 20 national junior high art competition.

DRAWING ON HIS FAITH: Davy Liu worked on Disney movies such as "Beauty and the Beast" and "The Lion King."

COURTESY DAVY LIU

DAVY LIU
Age: 39
Family: Wife, Joan, and daughter Sabrina, 11
Education: Studied at Ringling School of Art and Design in Sarasota, Fla.
Profession: Illustrator
Favorite book: Story of the life of Moses

After I left college, I worked for Disney on "Beauty and the Beast," "Aladdin" and "The Lion King." It was the best school for me to learn how the masters do visual art in a real-life basis.

Q: You worked on some major Disney projects. Which was your favorite or most memorable?
A: Out of all of the movies, I think "Beauty and the Beast" is still my favorite. It was my first film at Disney. I had the opportunity to design sets – the ballroom, Beast's castle, the little French town where Belle lives. It was more of creating an environment.

CONTACT THE WRITER:
949-454-7391 or cwoodall@ocregister.com

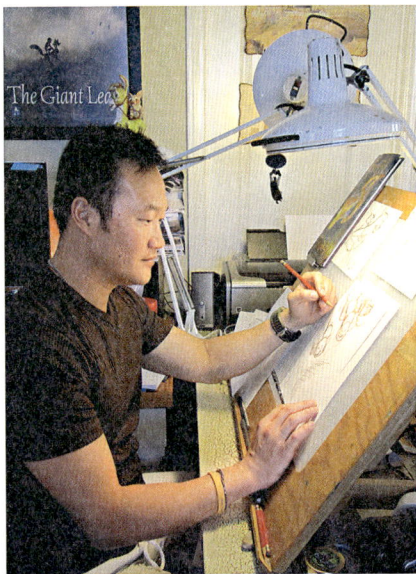

2007年，《梦中的巨叶》绘本在6月出版，我的人生故事登上当地报纸版面，启发了很多家庭与学校。

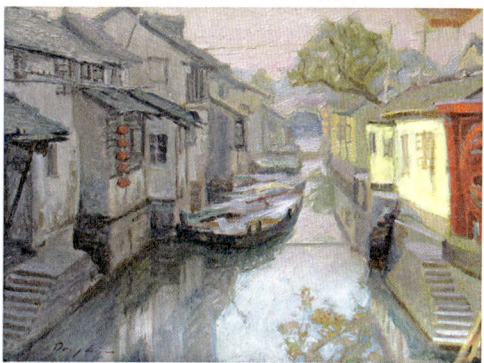

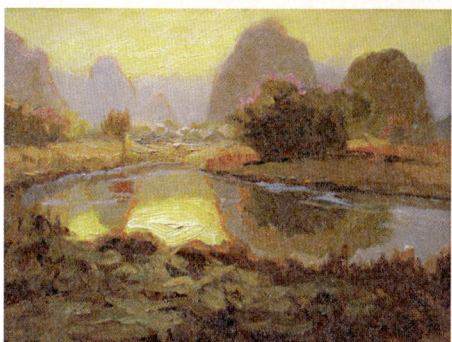

2000年，我带着画具，第一次踏上中国大陆，途中一切让我深受感动，不管是人、风景，还是传统习俗，我感觉历史课本在面前展开，于是留下了这些画作。我了解到这些隐藏的宝藏等着我去挖掘，也感受到已经遗忘却又深藏在灵魂里的我的中国文化探索旅程从此开始。

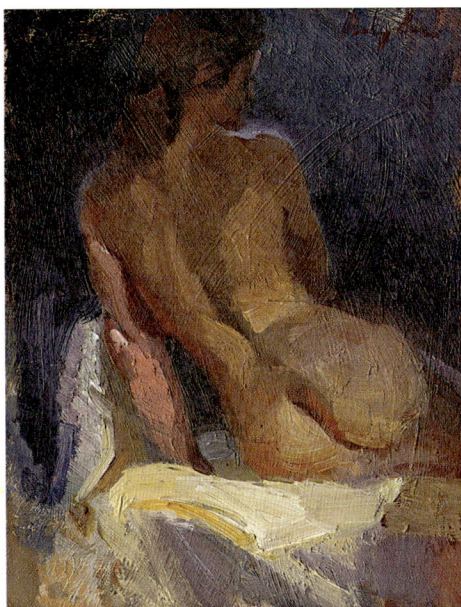

我最喜欢画人像，捕捉人的灵魂与神态。2004年2月，我的画廊开幕，甚至有市长夫人来到这里，宽衣解带让我画裸体肖像画。

每年夏天，Laguna海滩都会充满艺术爱好者跟观光人潮，这里的夕阳跟海岸线景观非常有名，所以很多名流都选择居住在这里，许多电影、电视也都在这里取景。这里有很大的艺术村，我的画作在每年夏天的"露天大师展"里展出，每年的展出品都销售一空。

幕后SOP
——
开演

迪斯尼动画行销期

19	动画电影是部巨大的玩具广告
20	一亿预算，五千万制作，五千万行销
21	广告

电影上映

　　迪斯尼动画电影之所以能发行全世界，受到大人小孩欢迎，除了动画做得精致动人外，还有一个很重要的原因就是"行销"非常厉害。

　　一部动画电影最大的卖点在"故事"，对我们来说，不管人物造型多可爱，没有动人故事的人物，就等于没有灵魂，不会得到观众喜爱。所以我们花很多力气在讲故事，尽量让故事温馨、生动。迪斯尼光剧本研发就花了两年时间，可见有多关键。

　　而说故事的时候，我们就会开始设想，这个故事主要的市场在哪里?《狮子王》锁定的主要是北美等西方市场，我们得在故事里加入许多西方元素，包括《圣经》故事、西方历史等，让西方观众很快融入故事情节。

　　《花木兰》就不同了，当初在规划期，就已经将中国市场含括进来，所以特别挑选为中国观众所熟悉的故事，而且在拍摄时，特别考量中国观众的观感。也因此在我这个华人

的建议下，将原本花木兰与其他军人的吐痰比赛，改成吐瓜子。

在故事内容时期，迪斯尼就已经有这些考量，等于将未来如何行销这部动画电影的概念，放置在剧本里面。

⑲ 动画电影是部巨大的玩具广告

对迪斯尼来说，每推出一部动画电影，赢得好票房固然重要，可是背后那庞大的与之相关的商品的商业利益，这才是迪斯尼的最大获利所在。米老鼠、唐老鸭等卡通都已经推出快一百年了，至今还在贩售相关商品。《白雪公主》在迪斯尼主题乐园依然大受欢迎，动画商品利益的延续性，让迪斯尼每推出一部动画，都有源源不绝的商业收获。

所以，动画电影就是部巨大的玩具广告，怎么样透过动人的故事、可爱的人物造型，让观众看完愿意掏钱买下相关纪念商品，这个行销设计，与绘制精美的动画一样重要。

为了确保动画人物具有卖点，在剧本研发阶段，迪斯尼行销团队就加进来，针对剧中人物给予建议。

在《狮子王》电影制作的第四年，人物设计拍板后，行销部门就着手设计相关玩具商品，经常会来询问动画师，他们的狮子石膏像、模型，像不像动画里的角色。如果与我们的设计不同，动画师会协助修改。

　　所以迪斯尼的玩具商品与动画人物的一致性与精致性非常高，就是因为很多商品都要经过动画师再三确认。在电影上映之前，这些工作就已经准备好了，等到电影上映，就会一并推出所有相关商品。

20　一亿预算，五千万制作，五千万行销

　　对迪斯尼来说，一部动画电影要成功，行销与制作同等重要，所以一亿美元预算的动画电影，其实只有五千万美元花在制作费上，另外五千万是行销费用。在电影制作进入第三年的开拍阶段，就已经开始规划整个行销计划。

　　庞大的行销费用除了用在广告上，另外就是试映会、记者会以及各种造势活动。《狮子王》电影上映前两周，会有试映派对，请好莱坞的明星、记者、有地位与影响力的人，还有全美国一万个迪斯尼ＶＩＰ家庭参与派对。这是《狮子王》第一次正式面对观众的时刻。

　　我还记得第一次参加迪斯尼首映派对时令人震惊的情景。1990年，我参与的第一部动画《美女与野兽》完成，迪斯尼在乐园布置了一整个主题公园，真实呈现《美女与野兽》的电影布景，城堡、教堂、法国小镇，什么都有。还有打扮成电影人物的玩偶，到处走来走去。一踏进去，主题音乐在耳边响起，彩花不停飘落，真的让人感觉走进电影里。

　　走进这个主题公园，里面有各式各样的游戏，丢盘子、丢球、射击，

免费让你玩。游戏完了，还会有各种迪斯尼公仔、玩具、ＤＶＤ，让你带回家，每个人最后都是扛一整个麻布袋的礼物走。

香槟随你喝，海鲜、牛排各式美食任你吃，还有迈克·杰克逊这种大明星出席观赏，拿不完的礼物、拍不完的照。真的让人感觉到当一个动画师非常光荣，完成了一个伟大的作品后，所有人都帮你庆祝。

《狮子王》上映时极为轰动，大家都看傻了眼，不知道狮子有这么大魅力，成为迪斯尼动画史上最卖座的电影。

每位配音大明星都参加开幕派对，乌比·戈德堡、罗温·艾金森盛装出席，加上媒体、各界名人，总共有一千五百个人踏过首映的红地毯。每个人回去的时候，手上都拿了二十多项《狮子王》的相关纪念品。

我没想到作为艺术家，还可以有这样大肆庆祝的机会，尤其看到自己的作品在大银幕上播放出来，被大家称赞，感觉真是爽快。

很多人以为动画电影只要精致、好看，就能受欢迎，借由口碑慢慢将感动蔓延出去。其实在这个媒体说话的时代，如果没有规划完善的媒体宣传，再好的电影都会很快消失。

我在华纳担任动画师时，我们花了六千万美元制作费制作一部动画电影《铁金刚》。这部动画的制作费比《狮子王》多，故事也很精彩，画风精致动人，导演还是后来执导《超级特攻队》以及《天外奇迹》的知名导演皮特·多克特。

从任何一个角度看，这样的规格、阵容都不会比《狮子王》差，可是这部动画电影受到的关注与知名度远远低于《狮子王》。华纳当初只愿意花

三千万美元行销，没有做足行销的结果是，本来不错的动画电影，最后却没有成功，非常可惜。

㉑　广告

　　庞大的行销费用，除了花在举办造势活动外，在广告上的耗费是最多的。《狮子王》上映前一年，迪斯尼已经开始打广告，同时搭配媒体采访报道，预告将会有一部关于狮子的动画电影出来。

　　到了电影上映的六个月前，本来少量但持续的广告，慢慢增加数量，我们可以在电视短片、巴士、电影海报上看到《狮子王》各式各样的广告。到电影上映的三个月前，《狮子王》的预告片就会出炉，网络、报纸、杂志、电视，甚至足球场、高速公路上高至五十层楼的大型看板，都有《狮子王》的踪影。有时候还把整栋大楼包起来，制作大至两百层楼高的电影广告，让整个曼哈顿都可以看到《狮子王》要来了。

　　这些巨大篇幅的广告，很难想象要付出多少代价，总之就是陆、海、空通包了，铺天盖地都有《狮子王》存在。所以在电影上映前，小朋友与家长已经不断被洗脑，养成观众的期待心理，等到电影上映就能引起热潮。

　　迪斯尼还有个厉害的行销手段，就是现在大家很熟悉的跨行业合作。行销团队会先挑选与小朋友互动最多的商品，比如麦当劳、可乐等，跟这些产业合作，在他们的产品上印上《狮子王》，或者推出限量公仔，搭配儿童餐销售，有时候还会推出赠票活动。

总之就是任何可以接触到小朋友的地方，迪斯尼都不会放过。

而这样的合作，也同样在电影上映前一年就要开始商谈，等到电影上映前三个月，跟随铺天盖地的行销活动同时推出，营造"这部电影非常热门"、"这是大制作电影"的印象。

这么大量的宣传，除了观众外，也会吸引很多商家前来要求商品授权。《狮子王》制作后期，电影还没上映，就有几千万的商家要求迪斯尼授权周边商品。

杯子、书包、铅笔、水壶，各式各样的生活文具用品厂商都会上门。迪斯尼固定合作的厂商约有三十万家到四十万家，这些商家每年都来看迪斯尼推出的新动画电影，决定要生产哪些周边商品。所以电影还没出来，周边商品就已经出现在市场上。

为了确保周边商品的图样与动画人物相同，迪斯尼对这些商品有很严格的要求。我们有一本周边商品工作守则，清楚标示出辛巴的身材比例，以及身体各部位的颜色色号，严谨到光是辛巴的眼睛就有六七个色号的编排。

等到电影真正上映，票房卖得好，又会有一波周边商品厂商找上门来要求授权，这些商品的销售成绩非常惊人，往往超越票房收入。以《狮子王》来说，光是周边商品就卖了两亿美元。

只不过将辛巴的头印在咖啡杯、书包、尿布上，本来不值钱的商品，却变得抢手起来，就算电影下片了，这些商品到现在还在卖。甚至后来百

老汇也演出《狮子王》音乐歌舞剧，不停延续商品价值，这就是最真实的文创产业生命力。

1994年6月15日，经过漫长的四年制作期，以及铺天盖地的宣传行销后，《狮子王》终于正式上映，这头差点被丢到垃圾桶里的狮子缔造了惊人的票房成绩。

当年《美女与野兽》的票房是一亿美元，一部动画电影可以卖成这样，让很多用了大明星的写实电影看傻了眼。接着《阿拉丁》更是惊人，变成两亿美元的票房成绩，吓坏一堆好莱坞王牌制作公司。没想到，《狮子王》上映后票房一路狂飙，周周占据票房总冠军，最后总计收入高达六亿美元，是《阿拉丁》的三倍！成为影史上卖得最好的动画电影，这个成绩至今没有其他动画电影超越。2011年9月，《狮子王》以3D版重新在美国上映，睽违十七年后，上映首周，居然还是跃居当周榜首。之后以《狮子王》改编的音乐剧，在美国连续十年都占据百老汇票房前几名。这个成绩连我

KENDU FILMS　Merchandise Master Guide
Production: The Giant Leaf　Items: Beach Sandles　Manufacture: SZ China　Date: July, 2012

Kendu Films 2012 Copy Right, United States, California

们动画团队都难以置信。

很多观众曾经反复观赏这部动画片。我们统计过，有六成以上的观众看了《狮子王》两次以上，甚至还有很多人看了三十几次《狮子王》。全家都会唱里头的歌曲，《狮子王》成为联结全家人情感的象征。

电影有如人们透气的窗户，一个可以让人暂时逃离生活压力，喘喘气的地方。遭逢金融风暴时，美国所有产业的营业收入都下滑，连最基本的餐饮业也惨不忍睹，只有电影票房往上拉。人穷了、吃不饱了，最需要的居然是看电影，可见电影结合音乐、视觉、人物、文学各种艺术创作于一身，能对人心发挥多大的影响力。

就是在这样的利基下，《狮子王》帮观众做了一个美丽的梦，这是迪斯尼最擅长的地方，利用动画来满足人需要被提拔、充满盼望的快乐，让每个人的梦想在影像里都可以成真。就算电影结束，还可以买ＤＶＤ回家继续做梦，甚至还能走进主题乐园，让自己活在梦里。

连我自己都在《狮子王》里看到自己的影子。我十三岁就被送到美国生活，没有爸爸在身边，虽然物质生活很充裕，情感上是匮乏的。狮子王爸爸死后，小辛巴自己一个人在大草原生活，慢慢成长，在时间流逝里忘记自己的根。一直到在云彩里恍若看到爸爸说："辛巴，不要忘记你是谁。"小辛巴才又踏上归乡路，追寻真正的自己。

我也不停地找寻自己，透过跟自己开会的方式，一直问自己："刘大伟你到底是谁？你要的是什么？"那不是老爸、老妈要我去追求的文凭，也不是长大后一份温饱的工作，我的人生，要跟小辛巴一样，找到我自己要

走的道路。

就算本来不被看好，只要不停挖掘，找到自己这个故事的核心价值，就可以在黑暗中发出光芒，也许那亮光微弱的萤火虫之光，但因为自己的内在找到了光芒，外面再怎么黑暗都没有关系，还是能为自己照亮前方的道路。

随着《狮子王》的探索，我学习了世界级动画大厂令人佩服的开放和严谨的工作态度，也理解他们塑造生意、又影响人心的力道。我在其中种下了作为动画师的一点愿景，这份希望和理想，即将在接下来的事业道路上，显现出我心中的光亮。

迪斯尼动画制作流程图

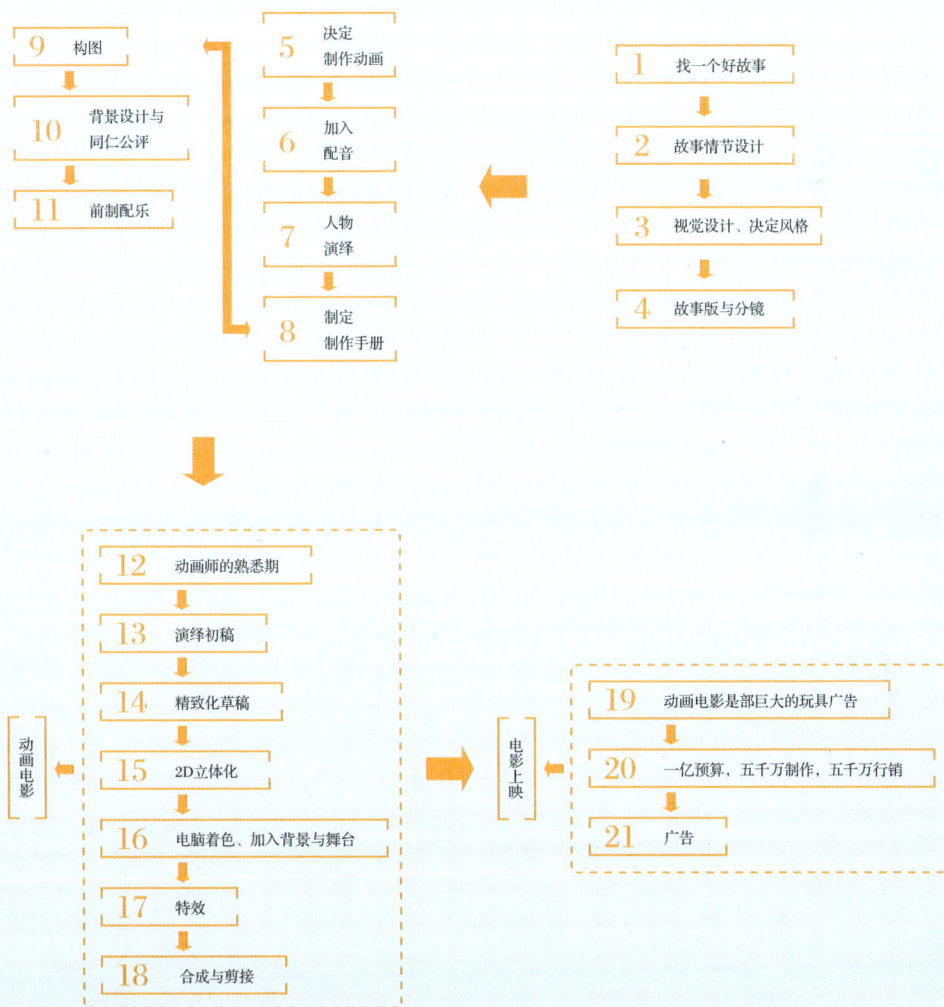

9 构图	5 决定制作动画
10 背景设计与同仁公评	6 加入配音
11 前制配乐	7 人物演绎
	8 制定制作手册

1 找一个好故事
2 故事情节设计
3 视觉设计、决定风格
4 故事版与分镜

动画电影

12 动画师的熟悉期
13 演绎初稿
14 精致化草稿
15 2D立体化
16 电脑着色、加入背景与舞台
17 特效
18 合成与剪接

电影上映

19 动画电影是部巨大的玩具广告
20 一亿预算，五千万制作，五千万行销
21 广告

钻石、钻石亮晶晶

我的第一本绘本《梦中的巨叶》花掉不少钱，用很好的纸张印刷，没卖多少钱，也没找到投资商，因为投资商希望能看到一系列的书，才愿意投资。表面上看来，绘本计划没有成功，但是很奇妙，出了第一本绘本后，我的灵感源源不断地一直跑了出来。即使外在环境不顺利，我却觉得很兴奋，一年半后，又绘制了第二本书《火鱼》，讲的是《出埃及记》，摩西的故事。

慢慢地，公司团队建立起来了，在教会认识的好朋友Mark，看完我的小说后，觉得很有市场，自愿来公司帮忙，也出钱投资。我现在的太太Joan辞掉工作，全心帮我处理公司很多事情。

至今我绘制了五本绘本，还是没有拍成电影。不过很多投资者看到我做的绘本，觉得很精致，很有兴趣，主动上网找到我。钱开始慢慢进来，一百万、两百万、三百万。虽然距离期待要募集到三千万美元还有段距离，但我已经看到梦想持续累积出能量来。

同时间，中国有不少人来找我合作，请我担任动画顾问，我跟中国动漫协会相关业界都有接触，却也遇到一些商人只想拿我的名字"炒地皮"，实际上对动漫一点热情也没有的情况。回到台湾，很多投资商一开口就要我做"像狮子王"的东西，对原创剧本没什么兴趣，他们不喜欢这些市场上没有的材料，很怕赔钱，如果可以，不要太创新，弄些迪斯尼做过的就好。

2011年，我出席"杭州动漫节"，会场摊位商品琳琅满目，年轻学生满场追逐，小女生翻出行头只为了打扮得跟日本漫画人物一模一样。我见了不免有些感慨，日本和美国并未占领中国，但他们的动漫文化却占领中国青年的心。

有感动，才有市场

这两年来，我和中国方面也有很多合作机会，知道中国饥渴地想占有世界动漫一席之地，中国政府出力扶持，拍摄数量虽惊人，但内容似曾相识，大部分还是搞复制。

目前我的公司已出版的绘本，及现在正在筹备前制作的中国历史文化背景的脚本，主要给小朋友一个正确的价值观，认识崭新无价的自己。好

莱坞找到独特的《花木兰》《功夫熊猫》的中国元素，经过西方诠释后，也都票房大卖。中国有优美的山水，令人赞叹的文学作品，数量庞大的传奇故事，为什么不能拍出有自己特色的动画？

我曾参与论坛，听见中国动漫公司高阶主管分享经验，居然是把迪斯尼的动画电影拆解，巨细靡遗地分析，记录每个桥段的秒数、发生笑点的频率、相隔几秒又会有梗……就像拆解一部电脑，了解内部构造后，生产配件组合后，另创品牌推出市场。

不得不承认，这样认真严谨的方法，让我直冒冷汗。动画是一种艺术品，每部动画都是独一无二的创意堆积，我们该学习的是迪斯尼如何激发创意，又如何把这些创意落实，你可以分解电脑、分解手机，但不可能靠复制畅销动画的故事情节来搞另一部动画。动画大师们寻找故事里的赤子之心、对社会的关怀、人性的光辉，还有种种爱与被爱的心情。当这个故事有了感情，就有了观众，这才是畅销动画电影的真正市场。

中国最大的动漫市场还是在电视，观众每天都期待看到新的内容。每一天都要搞出新东西，企业当然也不允许花太多成本制作。

在美国，《海绵宝宝》和《辛普森家族》一周才播放一次新内容，依照中国做法，就算有充裕预算，如此急就章肯定也搞不出来。中国动漫公司如果不改变想法，继续搞个几十年，还是很难做出像美国一般水准的动漫产品，因为这一切需要时间和人力、物力配合，外人很难了解到，动画是经过科学精密计算后，根据统计资料而做出的创意回应。

我曾认识号称中国最大动漫公司的老板，彼此交换对动漫产业的想法后，他邀请我担任他的动漫总监。详细了解他们制作动漫的流程后，我却推辞了。他手上有部动画电影，已经完成70%，这时候才发现，有很多需要改进的地方。他问我，能不能接手制作，加入一些感人的元素，提升这部动画电影的层次。

这就是中国制作动画与美国最大的不同。艺术、创意需要时间与金钱投注，在前端，美国会预备好研发资金，广纳想法，却不见得落实，可是这么摸索的过程，却能抛光出好的作品。

中国方式是边走边看，看不到回收的投资，根本不愿意做。给不出创意时间与空间，当然后面也就不会看到具有创意的作品出现。

好莱坞不怕跌跤，只怕没有尝试。可是不管中国大陆或者台湾都怕失败。我自己观察，从小到大的教育里，父母师长都要小孩子不能失败，做什么一定要稳稳的，考差了要被处罚，就是不允许失败的表现。

像我现在已经四十多岁了，老爸、老妈还是怕我失败，担心我被骗，事业不会成功，宁愿我回迪斯尼去。他们想要保护我不让我失败，却没想到如果依照他们的想法去走我的人生道路，也许永远没有失败，可是也不会有更大的成就。

所有的成功，都是失败累积出来的成果。

西方世界就是这样想的，他们觉得就算失败一次也没有关系，下次就会成功。不敢冒险尝试，就不可能创新。尤其是动画创作，多么需要创新。

有了这些接触和了解，我开始在华人世界奔走，希望换个方向，改从华人世界推出我的动画电影。

微光好能量

我从十三岁"含乌龟"移民美国后，十八年内都没回过中国台湾。求学时，老妈嫌机票贵，不让我回来，工作后忙碌，浸淫在热闹的娱乐产业中，也没理由想起台湾，这么一耽搁几乎忘了自己的根。

因为人脉的联系，我有机会与台北故宫合作，制作推广台北故宫文物的动画，还有香港团队参与，后来协助在香港规划一个主题乐园。在偶然机会下，有记者知道我是《狮子王》幕后主角，还曾是台湾放牛班的学生，这可是鼓励孩子的好素材，于是安排我上节目专访，播出后反应很好。他们说，要找到画家，还能把创作历程与励志内容讲这么精彩的人太少了。

嗯，人生而不平等，看来有点道理，我如今可是成龙成凤啊……

我应该算是比较幸运的人吧，历经了许多的坎坷路程，到头来还可以对那些往事侃侃而谈，一笑带过。

但我二年级老师的小孩就没有这么幸运。爸妈希望他能考第一名，因为自己的妈妈在学校教书，小孩不能让老妈丢脸啊！所以他拼命念书，从小学开始，每天回家就是念书，他非常厉害，从来就没有掉到第二名过，这样一路带着第一名的光环到初中。

高中的时候，全台中厉害的学生都集中到台中一中去了，他很努力，却还是考了第二名，跟第一名差了半分。他不能接受这个第二名，接到成绩单后，整个人都崩溃了，精神失控，罹患了精神病，成天躲在房间里不出门、怕见人，一直到现在都没恢复。

在他们的世界，有一个很高的标准，摔下来就非常痛；他也不接受永远都会有比自己厉害的人，那些外在的比较，没完没了。其实人外肯定是有人的，真正厉害的人，会不停跨越自己，找到自己的亮点去发挥，即使只有如萤火虫的光芒，只要努力发光就好。不是有很多人喜欢上天下海去看萤火虫吗？微光依然是天地间美丽的生命能量。

我的创业路走到今天，已经有了些回报，我并不担心接下来的发展。我承诺在生命中，得认真做出热血的事情来帮助别人的成功，更是重中之重。

我曾应邀到德州的华商年度大会演讲，大会结束前，主席说商会的经费还差五千美元，请大家踊跃捐款。

有一位中国来的女企业家，捐出十条珍珠项链义卖，当场两百、

三百美元被买走。我太太在耳边问我，要不要上台画狮子王义卖。好主意！画是可以画，但要画在哪里？我灵机一动，撤出一张白色桌布，在众目睽睽下，几分钟后，一只炯炯有神、神采奕奕的狮子王就出现在大家面前。

经过几次喊价，最后这只狮子在如雷掌声中，以三万美元卖出。

我公司经理不平地说，人家缺经费，你画画帮忙筹款，你自己拍电影经费缺得更凶，怎么不多画几只狮子帮自己筹款啊！

这真是太聪明了！一只狮子三万美金，我一个月花五分钟画头狮子，生活不就有着落了？我自己天天也在问："上帝啊！你好没有时间观念，已经这么久了，还不让我把电影拍出来吗？"

抱怨完了，我还是顺服，它是冰箱的老板，我只是饼干上的小蚂蚁，即使现在上帝要给我全部智慧，我的脑袋也容纳不了，我必须要有耐心。

老天爷为我准备的，自有其道路。

我到美国加州一个儿童团体演讲，动画主题对小朋友具有致命吸引力，聚精会神的程度，连大人都要惭愧。演讲结束前，我出问题让大家抢答，谁答对了，我画一只狮子王给他。

一说完题目，几乎所有人都举手，我抓了一下头，最后狮子王跟一个小女孩走了。主持人问我，你为什么选那个小女孩？我是纯凭感觉，有啥不对吗？主持人双眼含泪说，对极了，小女生罹患血癌，今天刚做完化疗，你的狮子王真是最佳礼物。

听了这一段，以我的性情，不流泪是骗人的。

狮子王孰轻孰重，不由俗世眼光来判断。

人生就像一座花园

回首四十几年的人生，商周集团执行长王文静小姐曾问我，如果不是因缘际会去美国，你留在中国台湾会做什么？

这真是叫人不敢面对的设想，没有凯斯老师贵人识"货"，抚平我青春期的骚动，循循善诱；没有神不断试炼引导，我自己跌跌撞撞不放弃，很可能台湾会多一个不快乐的房屋中介员，或是我爸妈眼中不成才的面包师。

因为每天我都会问自己，做这件事情的初衷是什么？今天看到那个人很讨厌，为什么？合作的时候快乐吗？你为什么要跟这个人合作呢？因为很多钱？还是这个合作可以带来更有意义的东西？

我用这些问题反复地问自己：我到底是谁？往内挖掘自己，不停地想要探测自己能飞多高？实力在哪里？不是跟别人竞争，而是一次次地超越自己，再试试看，能不能让创作更好一些，更往前进一些。艺术的精进是没有尽头的，每次创作，我都想试试看，还可以如何突破？

最后，慢慢地就会厘清自己，把那个不正常的自己引导回来。

因为常常对自己吹起正向的风，所以我变成一艘不用外在的风就会动的帆船。只要确立自己的定位，不偏离航道，终究会到达目的地。

我常常感觉，创作跟人生一样，都是不停地摸索、前进，慢慢找到自

己的方向。没有个人风格，只是临摹的作品，没有任何价值；只是为别人而活，没有自我想法的人，最后，也会丧失自己的价值。

对我来说，我画画不是跟别人竞争。我只是一个探险家，在探索一座叫"刘大伟"的高山，看看里面还有多少才华没被发掘出来，存有多少财宝未被开发。我知道"刘大伟"里面一定有黄金、钻石，因为我常常很努力往内在去挖掘时，就会蹦出很多让自己惊讶的东西来。

以前别人问我，除了画画之外喜欢做什么？我会说我喜欢当农夫，因为栽种蔬果，只要细心照料，短时间就会有一座热闹的花园。我的前半辈子感觉起来像是在很努力地种花，园子里开了各样的花朵，看起来热闹非常，但总觉得少了些什么？

　　原来是少了大树，因为花朵的生长，只需要短时间就可以看到成果，我的前半辈子努力为了让别人不失望，为了让别人以我为荣。现在人生进入下半场，我会做些改变，会开始栽种树苗。

　　树苗需要细心的照料，而且短时间也不会有成果出现，当我闭上眼睛那一刻，大树也许尚未成荫，但相信有朝一日终会绿树成荫，众多的人会在树下乘凉，享受着芬多精幸福的氛围。更神奇的是，集结众多的绿树，那将会是一大片的森林，供养众生万物，那片森林是我的梦想，给下一代无限的可能！

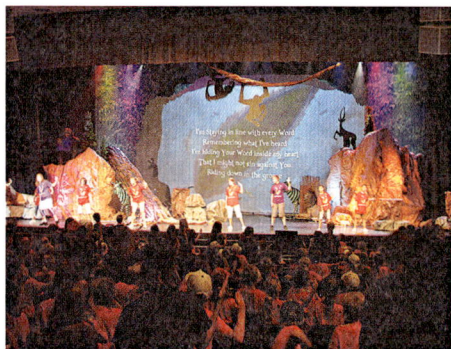

2008年,《梦中的巨叶》故事变成音乐剧,为学校跟孩子们演出。

Animal's Perspective of **NOAH'S ARK**	Fish's Perspective of **THE RED SEA**	Animal's Perspective of **THE CROSS**	Lion's perspective of **Daniel**

梦中的巨叶　　火鱼　　乔丹的访客　　国王的盛宴

这些是我成立的Kendu动画公司所出版的画册。

我环游世界到处演讲，谈论创意、动画跟品牌，也在全球联结了很多对Kendu动画有兴趣的人。创作故事对我来说最吸引人的地方，就是能碰触到家庭与小朋友的心。

YOU CAN DO IT

KENDU
FILMS

在从事了四十年的教学后，我的凯斯老师已经退休了，现在回到了她的家乡希腊，仍然在等候我第一部动画电影《梦中的巨叶》诞生。

谢幕以后

在美国，有一次我去私立学校家长会演讲，台下总共有八百人，学生坐在一边，家长坐在另一边。我在台上分享我的成长故事，介绍我的成长背景，在中国台湾长大，一直到十三岁才跟随父母移民来美国。小时候我的成绩一直垫底，连普通都谈不上，不管我多努力认真，都无法达到父母的要求与期望。

我妈妈也要我弹钢琴，就像所有经济能力还可以的家长要求小孩子学琴一样，读书和弹钢琴都是我的弱点。我发现我不是很认真读书的蜜蜂（台湾以前用蜜蜂来比喻辛勤读书的小朋友），我也不是会发出悦耳声音的蟋蟀，我什么都不是。

一直到我来到美国，我发现我会画画，而且画画为我赢得很多的大奖，我可以不用再那么自卑，怀疑自己的学习能力。我的学业成绩和钢琴的成就并不影响我的人生，我的才华体现在艺术上。当我有一张纸，有一支笔，我就可以完全投入在画画的世界中，可以让那张画纸产生光亮。因为这样，所以我自喻为萤火虫，开心地做萤火虫，也说着我后来进入米老鼠大家族，开心地画画，做着我最喜欢的事情，当一只萤火虫到处给别人亮光。

你也是发光的萤火虫

当我演讲结束，照惯例会留在会场，和学生或家长合影，还有为我的手绘动漫书签名。当一切都结束，我正准备离去的时候，有个妈妈眼角还挂着泪珠，跑过来紧紧地抱住我，谢谢我今天来这边演讲。她很激动地说，我的演讲内容改变了她和儿子之间紧张的关系。她说她有三个小孩，老二是个男生，名叫布莱恩，哥哥和妹妹成绩都是顶尖，但布莱恩成绩不好，及格边缘，比较起来就很自卑。但布莱恩很喜欢画画，而且画得很好，她一直忧心着布莱恩的自卑心态要怎么解决，怎么让布莱恩有快乐的童年。

今天她听到我的故事，演讲结束后马上冲到布莱恩的教室，虽然他还在上课，但妈妈还是跑进去，紧紧地抱住她的儿子，对他说："布莱恩，妈妈好爱你，你是妈妈最棒的萤火虫。"

那一刻，我停止了所有的动作，一直困扰我的问题，不就是这样吗？用几座奥斯卡奖可以换取找回布莱恩的自信，让妈妈切实看到布莱恩在家庭中的价值，对于布莱恩而言，生命中有了新发现、新意义，他的故事将会被流传。今天还会有多少个布莱恩的故事在我的故乡中国台湾？他们没被发现，只是因为缺少了创意开发的机会。在美国，我被潜能开发的诸多因子所环绕，如果我回到台湾，开始建设那些潜能开发的环境，这样许许多多的布莱恩就有机会发现他们的才华，成为发光的萤火虫。

我在中国的时候，有人称我为华人之光，只是为什么都得去国外闯荡后才会发光发亮？在自己的社会里应该存在更耀眼的光芒，只是没有合适的园地。

我们整个社会的主流价值，才是决定这一切的根本。以前我画画，不是被妈妈阻止，就是被老师处罚。当美国老师因为我的画而称赞我时，我内心无比震撼。原来我也有我的才华，"talent"一个英文单词，奠定了我往后的动画生命。

每个小孩都有无限可能，请千万、千万用正面方式鼓励他，你用心找出孩子生命里的钻石，他就会想尽办法琢磨自己，发出闪亮耀人，超过八心八箭的光芒，幸运与才华，在任何小孩身上都有，只要我们不再把钻石当成玻璃珠。

我是刘大伟，回首来时路，那些颠簸崎岖都成为人生精彩的一部分，感谢台湾这片土地，让我有着丰富的童年记忆，更让我在外闯荡几十年后有机会回来分享我的人生经验。希望借由我的成长故事能让大家得到正面的启发，谢谢代为联络的胡慧馨小姐和《商业周刊》，给我机会出这本书。我要感谢我的爸爸妈妈，我真的好爱好爱您们，虽然有些看法我们差距颇大，还有感谢我亲爱的太太Joan这一路来的相伴与扶持，以及我的女儿，我爱你们。

我的动漫人生下半场才刚开始，相信会更精彩刺激，大家一起加油！